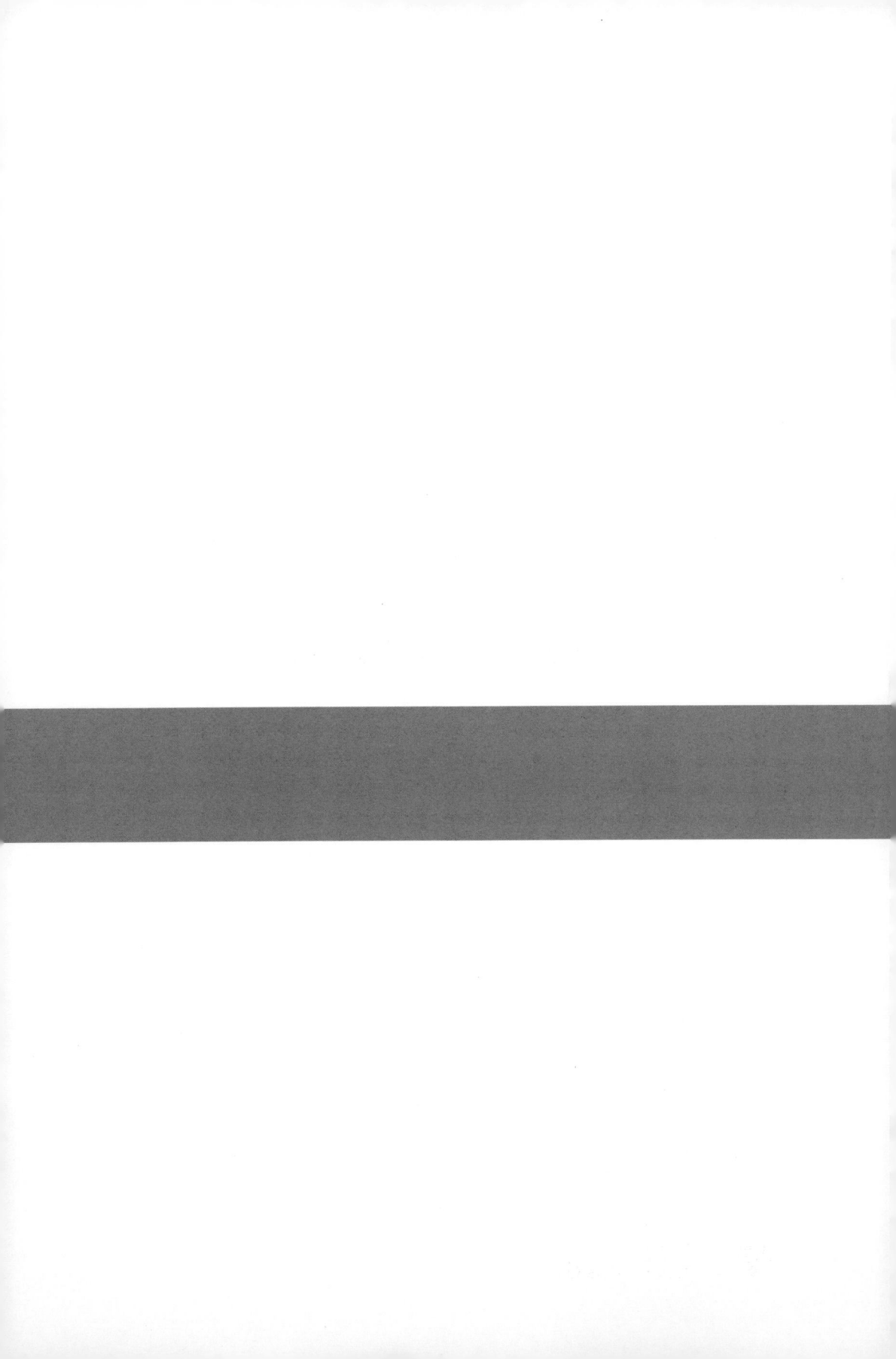

协商民主视域下的
电视问政研究

A Study of
Political TV Show
from the Deliberative Democracy Perspective

俞春江 著

ZHEJIANG UNIVERSITY PRESS
浙江大学出版社

图书在版编目（CIP）数据

协商民主视域下的电视问政研究 / 俞春江著. —杭州：浙江大学出版社，2018.8
ISBN 978-7-308-17666-8

Ⅰ.①协… Ⅱ.①俞… Ⅲ.①电子政务－研究－中国
Ⅳ.①D63-39

中国版本图书馆 CIP 数据核字（2017）第 283665 号

协商民主视域下的电视问政研究

责任编辑	樊晓燕
责任校对	杨利军　严　莹
封面设计	黄晓意
出版发行	浙江大学出版社
	（杭州市天目山路 148 号　邮政编码 310007）
	（网址：http://www.zjupress.com）
排　　版	杭州中大图文设计有限公司
印　　刷	浙江省良渚印刷厂
开　　本	710mm×1000mm　1/16
印　　张	12.75
字　　数	208 千
版 印 次	2018 年 8 月第 1 版　2018 年 8 月第 1 次印刷
书　　号	ISBN 978-7-308-17666-8
定　　价	39.00 元

序 言
凝聚共识的实践和理论探索

蓝蔚青①

　　二十年前,新闻记者俞春江采访过我。那时我刚刚从浙江省委讲师团转岗到浙江省社科联工作,作为采访者与被采访者,我们初次相识。此后,春江转行投身学术和政策研究。从温州到杭州,从电视问政节目的制作者到组织者再到研究者,从"为发展找问题"到"为问题找办法",他始终没有离开这个领域、这个话题。他负责过温州广播电视总台的《政情民意中间站》,参与创立过杭州电视台的《我们圆桌会》,并作为传播学的访问学者和政策研究人员对这个领域进行了深入研究。坚持不懈的实践和理论探索,使他对这个问题有充分的发言权。我最初就是受春江所邀,参与《我们圆桌会》的策划和制作,慢慢成了"常客";又因担任浙江省人民政府咨询委员会和杭州市决策咨询委员会委员,与春江有了更多的工作联系,也和他一起对电视问政工作进行过多次探讨。我们都认为,电视问政不仅是一种传播现象,更是一种社会治理现象,是协商民主的一项成功探索。

　　中国共产党领导的多党合作和政治协商制度是中国特色社会主义的基本政治制度之一。中共十三大在对政治体制改革的总体设想中,进一步提出了建立社会协商对话制度,要求提高领导机关活动的开放程度,重大情况让人民知道,重大问题经人民讨论,及时地、畅通地、准确地做到下情上传,上情下达,彼此沟通,互相理解,以利于正确处理和协调各种不同的社会利益和矛盾。中共十三大报告提出:"当前首先要制定关于社会协商对话制度的若干规定,明确哪些问题必须由哪些单位、哪些团体通过协商

---

　　① 蓝蔚青,浙江省社科联原副主席、研究员,中国科学社会主义学会副会长,浙江省社会治理研究中心首席专家。

对话解决。对全国性的、地方性的、基层单位内部的重大问题的协商对话，应分别在国家、地方和基层三个不同的层次上展开。"尽管由于一些人把社会协商对话曲解为社会自发力量与政府对等谈判，甚至借以挑战政府权威，以致社会协商问题一度淡出理论和舆论领域，但地方党组织主动领导和推动的以民主恳谈为代表的基层社会协商，却在浙江温岭等地积极探索并取得显著成效，获得上级党委和政府的肯定和支持，并入选2004年的第二届"中国地方政府创新奖"优胜奖。

在城市治理层面上，由温州市政协、温州广电传媒集团联合创办的《政情民意中间站》和由杭州市委办公厅、市政府办公厅、市委宣传部、市发展研究中心、杭州文广集团、杭报集团联合主办的《我们圆桌会》分别持续运行了15年和8年，在全国范围内具有一定知名度。以此为代表的一批协商类电视问政栏目，已成为党政主导、媒体运作、公众参与、专家支撑、多方互动的经常性、制度化的公共话语平台。在这些具有协商民主特征的互动平台上，参与者围绕公共话题，平等交流，对话协商，探讨解决办法，取得了显著成效，推动了不少民生问题的妥善解决，获得党政主要领导的充分肯定，成为人民群众喜闻乐见的品牌栏目。

近年来，国内协商民主理论研究取得了重大突破。中共十八大报告在这些年来各地积极探索的基础上，对我国基本政治制度做出重要的新概括，提出："社会主义协商民主是我国人民民主的重要形式。要完善协商民主制度和工作机制，推进协商民主广泛、多层、制度化发展。"报告总结了近年来的新鲜经验，要求坚持协商于决策之前和决策之中，深入进行专题协商、对口协商、界别协商、提案办理协商。这些都进一步完善了协商民主制度，增强了民主协商的实效性。这一理论创新成果为电视问政的机制创新提供了有力的理论指导和理论支撑。同时也要求我们深入研究电视问政在社会主义协商民主制度体系中的地位、功能特色和运作规律，完善途径。春江作为亲力亲为的践行者兼具有学术功力的研究者，在本书中对这些问题做了深入的探究，做出了富有创见的回答。

协商类电视问政节目涉及协商民主的一个新领域，即城市民主管理的领域。笔者曾把这个领域称为民主建设的"夹心层"，认为"城市是民主制度的发源地和先行者。现代城市中社会结构和利益关系复杂，不同于乡村的熟人社会可以在很大程度上依靠社会习俗来调整人际关系。城市中人口密集,信息传递快捷,互动效应强烈,容易'一石激起千重浪',是维护社会稳定的关键地区。城市的广阔空间又决定了城市管理必然是多层次、多环节的复杂系统,而市民的民主意识又比农民更强,这就对城市管理的民主机制建设提出了更高的要求"。

"改革开放以来,我们着重推进各级领导班子内部的民主建设和基层民主政治建设,取得了显著成效。但是处于两者之间的'夹心层'——城市管理的民主机制建设相对滞后,缺少一套发动和组织人民群众参与城市管理的系统的制度和办法。城市管理的民主化程度不仅取决于领导干部特别是主要领导的民主意识,而且受制于各个环节的管理人员的政治素质,受制于各项具体管理制度的民主化程度。随着我国城市化进程的迅速推进,人口急剧地向城市集聚,城市的民主生活、民主管理在社会主义民主政治中的地位愈来愈重要。社会主义民主政治建设不仅要适应市场化的进程,而且要适应城市化的进程。"

"城市的民主管理有着巨大的发展空间,它涵盖了党政领导机关与基层之间的整个城市政治空间,是联结两者的桥梁和纽带。城市的民主管理又包含着决策、执行、反馈、监督等各个环节,处于连续运行状态。通过政府和市民的互动直接解决具体的民生问题,相对于通过人大和政协的政治运作而言,可以说是处于民主政治建设的'跑道内圈',对于加快推进民主政治建设具有重要意义。"[①]协商类电视问政节目正是在这个亟待强化的层面上推进协商民主的积极探索。

协商类电视问政节目与其他协商民主平台和渠道一样,具有反映民情民意、沟通社会各方和集聚民间智慧的功能。而它的突出功能则是凝聚社会共识。正如作者在本书中所指出的,社会和科技的双重进步造就了前所未有的公共舆论平台。新媒体技术的迅猛发展使得公民的言论表达变得异常便捷,而且几乎都是零门槛。互联网匿名发表和交互传播的特点,使所有参与者可以免于恐惧,摆脱现实生活中的各种身份束缚,更简单、更直接、更自由地表达自己的利益诉求和情感宣泄,直言不讳地对政府及官员的行为进行批评监督。它一方面提高了公民的民主意识和参与热情,拓宽

---

① 蓝蔚青:《"以民主促民生"战略:杭州市的实践及其经验》,《毛泽东邓小平理论研究》2009年第3期。

了公民政治参与的范围、渠道和手段,使人们直接参与公共政策的讨论成为可能;另一方面也容易使情绪化的、偏激乃至极端的观点吸引眼球并被复制传播,形成"理性缺失下的狂欢",助长网络民粹主义的戾气蔓延。一些人一知半解就急于选边站队,上网开骂,企图以蛮横、辱骂和威胁压倒对方。网络上的这类现象对建构公众理性和凝聚社会共识提出了严峻的挑战和紧迫的要求。在深化改革必然涉及利益格局调整的今天,由理性缺失导致的共识缺失,是不少克难攻坚的改革举措和利国惠民的经济社会政策难以落实甚至难以出台的重要原因。在公民的参与意识和维权意识日益增强的当下,城市发展建设和城市治理措施同样需要社会共识的支撑。要在理性思考的基础上凝聚社会共识,最根本的条件当然是科学理论特别是马克思主义世界观和方法论的指导。而这种指导要有效地发挥作用,不仅需要渗透到事关广大人民群众切身利益的现实问题中,而且需要既便于广泛参与,又便于理性引导,还能吸引公众关注的主流媒体平台。

协商类电视问政节目就是在实践探索中成长起来的主流媒体平台。它通过组织社会各界代表进行对话,构建起一个线上线下互动传播和体制内外相互作用的运作机制,围绕民生热点话题,理性对话,平等协商,不同意见可以心平气和地展开讨论,靠摆事实讲道理而不是靠煽情来引起社会共鸣,着眼于凝聚共识,寻找问题的根源和化解之策。在这样的机制下,主流媒体从信息传播者升华成平台搭建者、交流组织者,从大众传播平台拓展为公民理性参与和增进认同的平台。社会各界在这里加强相互了解和理解,化解分歧,凝聚共识,促进和谐。积极参与和经常观看的市民通过这样的平台确立和增强理性精神,学会以理服人,提升参与社会协商的意愿和能力,对政策措施从抱怨者转变为提议者,从城市治理的旁观者转变为建设性的参与者。城市治理也由此获得更加坚实的群众基础。

协商类电视问政节目要更好地发挥倡导理性、凝聚共识的功能,还有许多问题需要进一步探索。例如,如何优化选题机制,透过群众关心的热点、政府工作的重点、媒体热议的焦点、社会治理的难点、公众认识的疑点寻找话题,选好切入点,保持和增强对受众的吸引力,让人民群众和党政机关都欢迎并积极参与?如何提高官员特别是较高层级的官员参与协商的积极性,消除其顾虑?如何既发挥富有参与经验的专家和各界人士、市民代表的优势,提高协商质量,又不断扩大参与面,提高邀请嘉宾的针对性、专业性和代表性？如何既坚持让协商参与者畅所欲言，紧扣话题，高质量沟通，把问题讲透，碰撞出思想火花，又发挥好主持人和编辑的策划、引导、规范和剪裁功能，强化节目的逻辑性，揭示事物的规律性，避免离题、偏颇和"出格"？如何增强媒体的社会责任感，着眼于问题的有效解决，优化电视问政的综合社会效益？如何通过各种传播手段和多种媒体的融合，围绕主题充实相关信息，为协商提供有力的依据？等等。对于这些问题，本书基于丰富的实践经验和扎实的调查研究，综合运用传播学、政治学、管理学、心理学等多学科的理论，进行深入的剖析，总结了经验教训，提出了改进的建议。这些研究成果对于电视问政和协商民主的理论研究和实践操作，都是具有启迪意义的。

目录

CONTENTS

第一章　基于社会协商的电视问政

《中庸》曾有记述:"哀公问政,子曰文武之政,布在方策。"这场2500多年前的交流应该是中国最早的问政记录。在这里,问政是"咨询治国之道"的意思。在当下的语境中,"问政"更多的是公众向执政者就公共行政事务的发问。问政,既有对公共行政事务的"询问",也有对行政结果的"问责",更有对事务处理办法的"商讨"。无论是哪一种方式,沟通都是其中的应有之意。然而,缺乏沟通一直是当今社会治理中的迫切问题。官员们往往习惯于"先做了再说",在开始行动之前或者是做错之后,常常回避媒体;市民是"懒得跟你说",往往是干脆不说或者直接开骂;知识界是"知道也不说",反正说了也不一定有用;媒体则越来越表现出一种倾向——"等你做错了我再说"[①]。在缺乏有效沟通的前提下,社会治理往往更多地依靠制度的刚性,缺少一个缓和的、理性的、多元的互动地带。

电视平台上的对话交流的过程,不仅传递了完整的信息,也见证了理性观点确立的过程。随着主流声音的传播,从演播室的人际传播到电视机前的大众传播,不仅原先持不同意见的沉默者被唤起,更重要的是,受众内心深处的另一个理性自我被唤醒。本研究以促进沟通为主要目标,试图对电视问政背后的一系列问题予以关注和诠释,试图找出拓展公民有序政治参与的渠道和路径。

---

① 俞春江:《构建话语平台　推动平等沟通:媒体参与社会管理途径探索》,《中国记者》,2013年第2期。

第一节　研究背景和对象

当今社会,社会和科技的双重进步造就了前所未有的公共舆论平台。2017 年 8 月 4 日,中国互联网络信息中心(CNNIC)发布第 40 次《中国互联网络发展状况统计报告》,截至 2017 年 6 月,中国网民规模达到 7.51 亿,占全球网民总数的五分之一。互联网普及率为 54.3%,超过全球平均水平 4.6 个百分点。其中手机网民占比达 96.3%,我国手机网民规模达 7.24 亿[①]。新媒体技术的迅猛发展使得普通公民拥有更加丰富的言论表达渠道,公众的表达变得异常便捷。微博、微信、QQ 空间、网络社区论坛等,几乎都是零门槛。"在社会缺乏基本共识的背景下,谁敢在微博中打擦边球、对抗国家、诉诸民粹,谁就能操纵民意而做大。[②]"人们发现:在个人表达零门槛的情况下,受众的情绪和观点更容易被复制传播,这些都对公众理性的建构提出了新的挑战。作为社会转型期"集体性晕眩"的直观表现,公众理性的缺失令人关注。

同时,也应该看到,信息网络技术的发展,极大降低了公众参与民主的门槛和成本,使得人们直接参与公共政策的讨论、发表观点乃至参与决策成为可能。公众议题在网络空间讨论的广度、深度进一步拓展。"相对于传统媒体,网络具有匿名化和交互传播的优势,只要在法律和政策许可的范围内,任何人都可以通过互联网对自己所关注的问题进行言说。所有参与者可以免于恐惧,挣脱于现实当中的各种身份束缚,可以更简单、更直接、更自由地表达自己的利益诉求,直言不讳地对政府及官员的行为进行批评监督。[③]"微博、微信、论坛、手机等现代工具所带来的问政形式的多样化,改变了人们传统的思维方式和行为习惯,提高了公众的民主意识和参与热情,拓宽了公众政治参与的范围、渠道、手段和效果。网民以网络论坛、网络社区、网络社团和博客等为载体,将互联网技术运用到政治生活中,对中国特色协商民主的发展产生了重大影响。

---

① 中国互联网络信息中心:《中国互联网络发展状况统计报告》,http://www.cac.gov.cn/2017-08/04/c_1121427672.htm。

② 赵鼎新:《民主的限制》,中信出版社 2015 年版,第 282 页。

③ 陈玉霞:《新媒体与中国政治民主》,《新闻研究导刊》,2012 年第 2 期,第 56—59 页。

社会治理离不开社会沟通。在缺乏有效沟通的前提下,社会治理更多地依靠刚性的制度,缺少一个缓和的、理性的、多元的互动地带。在嘈杂的舆论环境中,理性观点往往需要经过艰苦的博弈才能得以确立,进而成为主导观点。通过电视问政整合各种网络表达,实行问需于民、问计于民、问绩于民。这些公开交流是互联网政治的重要表现形式和治国理政的重要手段,是政府与公众沟通的新渠道。

党的十八大报告提出要健全社会主义协商民主制度。社会主义协商民主除了具有协商民主的一般特质之外,还具有其特定的内涵,即指在中国共产党的领导下,各民族、各阶层、各党派团体、公民个人通过自由而平等的对话、讨论、协商、审议等方式,在尊重权利的基础上,凭借制度化的平台和渠道,有序参与公共决策和政治生活。其主要特点可以概括为:以党的领导为前提,以权利为基础,以平等为内在要求,以制度为保障,以对话和协商为手段,以达成共识为核心原则,以合法决策、促进公共利益为目标。[①]

本书的研究对象为"电视问政"和"协商类电视问政"。由于研究角度不同,学术界对于电视问政的定义有多种表述。张萍(2012)从受众角度出发,认为:"电视问政是普通民众以电视为平台与党政官员互动交流的节目类型,其节目范式以'对话、互动、点评'为基本架构。"[②]郭龙华(2013)认为:"电视问政,是利用媒体影响力对政治、社会管理进行监察、评论的一种媒介活动,也是执政者通过电视媒体就公共事务与民沟通、公众借此参政议政的传播活动。"[③]姜洁冰(2013)认为:"电视问政是近年来兴起的一种新的问政现象,它是以电视为传播载体,市民百姓就民生问题向相关的行政官员进行监督质询,并设有点评、打分等反馈环节的一类直播节目。"[④]聂书江(2015)认为:"电视问政就是执政者通过电视媒体就涉及民生的公共事务接受公民监督、质询及评议性质的政治传播活动,是一种带有反思

---

① 田晓玉:《发展社会主义协商民主要做到"四个把握"》,《人民政协报》,2013 年 5 月 29 日。
② 张萍:《比较视角下我国电视问政的发展》,《现代视听》,2012 年第 8 期。
③ 郭龙华:《电视问政:创新政务公开新形式》,《新西部》,2013 年第 11 期。
④ 姜洁冰:《电视问政中的政治传播现象与反思》,《青年记者》,2013 年第 24 期。

性的政治传播活动;它为政治合法性提供道德依据;带有强烈的民本意识。"①还有研究者认为,电视问政顾名思义就是依托于电视这一大众传播媒介扩大"问政"的公共效应,把现实生活中群众遇到的问题和诉求通过电视问政栏目置于聚光灯下,引起社会的共鸣和相关责任人的重视,并且实时转播或者直播相关官员对问题的回应和整改,让政府行为更加透明、高效。②

中国传媒大学电视学院副院长、教授曾祥敏提出电视问政"2.0升级版"的概念。他认为:"(南京电视台)《民声》栏目同样是对社会治理官员的质询,但不是为了制造冲突、碰撞的噱头,而是对真问题的解剖、分析以及有效途径的探寻。栏目努力做建设性的协调推动,形成媒体、民众、政府的良性互动,促进平等对话与沟通。"③

综合前期研究,对于电视问政可以下一个这样的定义:"借助电视媒体以及其他多种传播手段,组织官民对话交流,对地方政务活动进行评点、监督的传播活动。"根据其运用手段不同,电视问政活动可以分为"监督类电视问政"和"协商类电视问政"。前者更多采用曝光、问责的方式,后者则采用协商的方式。

第二节　国内外研究现状

关于新闻媒介在公共领域中的地位与作用,德国著名社会学家哈贝马斯在论述资产阶级公共领域的形成及政治功能的转型时有过充分的阐释。他认为,公众媒介与公众场所是公共领域的物化形式,也是公众舆论的表达手段,在很多时候,也很可能是公共领域的主体与标志。哈贝马斯提出:"公共领域与这种亲身到场的联系越松,公共领域越是扩展到散布各处的读者、听众或者观众的通过传媒中介的虚拟性在场,把简单互动的空间结

---

① 聂书江:《论电视问政的内在逻辑及其发展路径》,《现代传播(中国传媒大学学报)》,2015年第1期,第159—160页。

② 王慧敏、米小娟、申宇婷:《电视问政十年历程回顾与展望》,《管理观察》,2016年第9期,第9—12页。

③ 曾祥敏:《守正出奇:新闻谈话节目〈民声〉栏目评析》,《中国广播电视学刊》,2015年第11期,第53—55页。

构扩展为公共领域的过程所包含的那种抽象化,就越是明显。"

一、关于社会协商的理论研究

20世纪末期,协商民主理论在西方政治学界兴起,在大量研究中,人们逐渐形成一些共识,其中包括平等、参与、理性、公开是协商民主的基本价值规范,协商是主要行为方式。作为公认的协商性民主理论大师,哈贝马斯(1996)认为,协商民主是基于理性讨论、获得共识为前提的对话规则和政治实践。公共政策最好是通过广泛协商来制定,协商参与者尽可能平等而广泛。以平等公开对话、理性互动妥协为特征的协商民主可以凝聚共识、在推动社会管理中发挥重要作用。

近20年来,西方协商民主理论已进入政治实验阶段。学者结合各国不同的政治问题,展开了各种不同形式的政治实验,以验证、修正、发展协商民主理论。近几年,国内协商民主理论研究也取得重大突破,党的十八大首次明确了"社会主义协商民主"概念,《中共中央关于全面深化改革若干重大问题的决定》指出要推进协商民主广泛、多层次、制度化发展。《中共中央关于加强社会主义协商民主建设的意见》指出:"涉及经济社会发展重大问题、重大公共利益或重大民生的,重视听取社会各方面的意见和建议,吸纳社会公众特别是利益相关方参与协商。"作为社会主义协商民主的主要形式之一,社会协商广泛开展。包括电视问政在内的各种社会协商形式陆续出现,对社会治理产生了较大影响。理论界围绕上述实践开展了较多研究。

总体而言,理论界较一致的观点是,协商民主可以分为政治协商、政府协商、社会协商和公民协商等。在社会协商领域,海外学者何包钢(2008)提出,世界范围内协商民主的方法主要有协商民意测验、公民陪审团、专题小组、大规模协商论坛等[①]。其中,协商民意测验是基于一种信息对等和充分协商基础上的民意调查,旨在克服传统民意调查的诸多局限性,可解决目前民意咨询不足的问题。公民陪审团由一个官方委员会创设而成,该委员会享有解释公民陪审团建议并按建议行动的权力。德国、丹麦、英国和澳大利亚都引入并使用了该方法。专题小组由与该议题有关联的和了

[①] 何包钢:《协商民主理论方法和实践》,中国社会科学出版社2008年版,第85—99页。

解该议题的人员组成,这一群体里面可能包含利益集团、支持者的团体或者监督者。大规模的协商大会采用小组协商讨论同计算机联网技术相结合的方法,每个参与者都要提交他们个人的意见偏好,其中重要的问题将被优先考虑。

国内学者对这一观点基本认同。游崇宜(2010)认为中国特色协商民主的主要形式有社区议事会、听证会和民主恳谈会。邱会生(2011)认为,在听证会、民主恳谈会之外,网络论坛也是社会协商的重要形式。林尚立、赵宇峰(2106)在《中国协商民主的逻辑》一书中详细分析了政治协商、政府协商、社会协商和公民协商等协商民主形态,并且罗列了听证会、工资集体谈判制度、浙江等地实践的"民主恳谈会"各种形式的"民间议事会"等协商民主形式。①

与协商民主理论研究相同步,学术界对社会协商进行了较为深入的理论研究。1987 年,党的十三大关于"社会协商对话制度"的描述,奠定了我国社会协商发展的重要理论基础。此后,学术界对社会协商及与其相关问题的研究出现了第一次高潮。这一期间的研究较多集中在社会协商的概念、应用、组织方式等领域。2000 年以后,随着基层社会协商实践的丰富,理论界出现了第二次社会协商研究的高潮。这一期间的研究较多集中在社会协商的理念创新等领域。作为协商民主的重要组织部分,社会协商研究逐渐形成了一套较丰富的理论。

1. 关于社会协商的概念

杨弘(2009)、赵志宇(2013)等从广义和狭义两方面对社会协商对话进行界定。"广义上讲,社会协商对话包括社会生活中人们就某一问题进行的所有的沟通、协商与对话。狭义上讲,社会协商对话是指在现代社会政治生活中,各个政治主体之间就共同关心的有关政治、经济、文化、社会等各个领域的重大问题和涉及不同群体利益的决策和行为所进行的平等的、直接的有效沟通、协商和对话。"②林尚立(2013)认为:"社会协商,既不简单是在社会领域展开的协商,更不是在国家层面展开的协商,而是国家与

---

① 林尚立、赵宇峰:《中国协商民主的逻辑》,上海人民出版社 2016 年版,第 78—80 页。

② 杨弘、张等文:《中国社会协商对话制度的现实形态与发展路径》,《理论探讨》,2011 年第 6 期,第 34—37 页。

社会、政府与民众围绕着建构社会秩序、促进社会发展而展开的协商。国家与社会、政府与民众的互动是其存在的前提,而这种互动所形成的国家与社会、政府与民众的交流与互动的公共空间,则成为社会协商的公共空间。"[①]学界较为一致的观点是,社会协商是指围绕公众关心的重大社会问题,涉及公共利益的社会问题,由社会有关群体、社会团体、社会组织进行的沟通和对话,以达成某种共识。

2.关于社会协商的特征

在较早期的研究中,学术界普遍认同社会协商具有平等性、公开性等特点。刘宗齐(1988)提出,社会协商对话有 5 个特点,即平等性、公开性、磋商性、社会性和共鸣性。刘传琛(1988)提出,社会协商对话的特征包括公开、透明、平等、双向、多层次、多渠道,注重民心民意。进入 21 世纪以来,对于社会协商特征的研究得到了进一步发展。杨弘(2011)等研究认为,社会协商的特征体现在不同方面:其主体具有多元性和平等性的特征,其内容具有多样化和特定性的特征,其信息传递具有双向性的特征,其对话过程具有公开性和开放性的特征。赵志宇(2013)认为,当代中国社会协商对话的主要特征有:"协商对话主体的平等性和广泛性、协商对话客体的现实性和针对性、协商对话媒介的多元性和高效性、协商对话形式的公开性和多向性、协商对话目标的一致性和关联性。"[②]可以看出,对于社会协商的特征,学界认同较多的是平等性、多元性、开放性。

3.社会协商实现路径研究

游崇宜(2010)通过西方协商民主与中国特色协商民主两者的比较,指出,在中国特色协商民主中,听证会、民主恳谈会及社区议事会是政治协商的必要补充和发展形式。杨弘、张等文(2011)提出,民主听证会、民主议事会、民主恳谈会与互联网公共论坛是社会协商的现实形态。邱会生(2011)认为,在听证会、民主恳谈会之外,网络论坛也是社会协商的重要形式。

---

① 林尚立:《社会协商与社会建设:以区分社会管理与社会治理为分析视角》,《中国高校社会科学》,2013 年第 7 期,第 135—146 页。

② 赵志宇:《当代中国社会协商对话:要素、特征与功能》,《中央社会主义学院学报》,2013 年第 1 期,第 65—69 页。

从这些研究中可以看出,社会协商的路径在不断拓展。20 世纪 80 年代末期主要有村民和居民议事会;20 世纪 90 年代同时出现了听证会制度、社会公示制度、恳谈会制度等;21 世纪以来,网络论坛、企业工资集体协商等,成为我国社会协商实践探索的主要形式。

4. 关于社会协商的实施领域

研究者把社会协商与我国的民主制度、社会治理相联系。王杰(1989)提出:"在当前社会冲突持续加剧的背景下,进一步健全社会协商对话机制是中国共产党沟通社会和回归社会的一种有效机制。"[①]林尚立(2003)认为,社会协商是人民民主的制度创新实践,该实践与政党沟通、回归社会相联系。赵光伟(2006)、梅琼(2009)在研究群体性事件预防的过程中提出,社会协商是解决群体性事件的有效措施。施美萍(2009)从和谐社会建设的角度提出,社会协商是弱势群体利益寻求的重要方式。

上述研究兼顾了国内外协商民主的政治实验和地方社会治理创新,但是对于互联网条件下新媒体勃兴后的社会舆论环境和协商环境关注得较少。在互联网条件下协商民主所处的社会环境、实现载体、技术手段都有很大的改变,对协商民主实现形式的研究成为历史的必然。

二、关于电视问政的理论研究

对电视问政的研究,学术界主要从"监督"和"协商"两个视角展开。

基于监督的视角,学界认为,电视问政的核心价值在于:更有效的舆论监督、更广泛的公众参与、更扎实的政府作风改进。在其核心价值的判断上,不同领域的学者看法不同。在社会学视角下,王永建(2013)等研究者认为,电视问政实现了电视的社会属性回归,淡化政治宣传和娱乐化取向,实现了从媒体监督到公众监督的嬗变。陈耀辉、王慧敏等认为,电视问政打造了舆论监督的新常态。"电视问政作为近年来一种新兴的问政节目与问政形式受到了越来越广泛的关注,它的正面效应除了能够对党政官员有效问责外,还为民众提供了一种新型的参政渠道。最重要的是,它为社会各界以及民众进行舆论监督打造了一个全新的平台,同时也使电视这种传

---

① 王杰:《改革是社会主义社会发展的重要动力》,《渤海学刊》,1989 年第 3 期,第 21—25 页。

统媒体发挥了新的功能。"①在公共管理学视角下,胡振刚(2013)等研究者认为,电视问政有助于提高行政效能、改进政府工作作风、密切干群关系。在政治学视角下,王蕾(2012)等研究者认为,电视问政是拓宽公众参与、推进民主进程的有效平台。汪明香(2013)认为,电视问政运用了全媒体、多渠道进行舆论监督,电视问政的舆论监督模式也具有开放性和互动性的特点。② 在舆论监督的力度上,电视问政具有视觉监督、场性传播、现场证实的功能特点,这些都是其他媒体无法比拟的优势。

基于协商的视角,学界认为,电视问政在民主议政方面发挥出独特的优越性。通过对杭州市电视问政节目的研究分析,陈耀辉(2012)发现,"民生""民情""民意"这"三民"问题是杭州市电视问政节目关注的核心,"问政""问责""问计"是其三大功能,并且"问政"已经常态化。电视问政节目成为服务型政府转型和传递政策的新途径。唐琳(2012)认为:"电视问政成为党和政府推进政风、行风建设的桥梁、窗口和推手,还为广大群众'问政'提供了便捷的通道。"③程辉(2013)认为:"电视问政为市民提供了一种问政的剧场化体验","是一种新的问政与报道模式"。甘泉(2013)认为,电视问政节目能够汇集民智,反映民情;从多层次完善利益诉求渠道;协调社会矛盾,维护地方治理下的社会稳定;推动政府科学决策,提高政府公信力。④ 顾亚奇(2013)认为:"电视问政节目的重要价值就在于,它在国家权力中枢和社会公众之间架设了一道桥梁,增强了政治体系的开放性和包容性,最大限度地倾听民声、反映民意、凝聚民智,从而增进互信,实现双赢或共赢。⑤"郭龙华(2013)认为:"电视问政是创新政务公开的新形式,它采取现场直播形式,强调面对面交流;激发民众政治参与热情,服务民众政治需求。相比网络问政采取的自下而上的沟通方式,电视问政是一个更好的双

---

① 陈耀辉:《发挥电视问政节目在创新社会管理中的功能性作用》,《视听纵横》,2012年第5期,第53—54页。

② 汪明香:《从电视问政看电视媒体的舆论监督模式与功能》,《现代视听》,2013年第11期,第36—39页。

③ 唐琳:《电视问政类节目如何释放"正能量"》,《视听界》,2012年第5期,第96—97页。

④ 甘泉:《市民问政兴起的原因分析——以襄阳市市民电视问政为例》,《赤峰学院学报》,2013年第10期,第56—58页。

⑤ 顾亚奇:《从"我们圆桌会"看中国的电视问政》,《杭州》,2013年第1期,第7—8页。

向互动和交流平台,它所产生的作用和影响比舞台上呈现出的更为深远。"①廖丽娟(2013)认为:"电视问政是践行群众路线的有效途径,开辟了一条群众反映诉求的新渠道,提供了一个群众民主监督的新途径,搭建了一个官员向群众学习的新平台。"②协商类电视问政节目的兴起有其鲜明的时代特色。学者何志武(2016)认为,"电视问政作为一种电视文化现象,其背后有着深厚的协商民主的理论和实践基础",其主要因素在于民主政治的推进、公民主体意识的唤醒、公共权力运行日益焦点化。

上述研究表明了电视问政的发展及研究现状。基于"官民互动"这一基本出发点的电视问政,正在推动协商、凝聚共识,并且朝着制度化的方向发展,给协商民主实践带来更大可能性。但是,现有文献对于电视问政的研究主要集中在"功能"和"操作"层面。对于其发展民主政治的作用并未涉及,电视问政是否可以作为社会层面协商民主的一种实现形式,学界尚未给出正面回答。从"监督"到"协商",从"凝聚共识"到规范化运行的"协商民主"实践,电视问政还存在着偶然性。究竟该如何推动电视问政成为协商民主的制度化的实现形式,还需要进一步研究。

三、关于媒体与协商民主的关系研究

针对媒体与协商民主的关系,早期研究指出,新闻媒体通过报道,增进各界之间的相互理解,为社会协商提供了基础。20 世纪 80 年代,肖兵(1988)等学者把社会协商运用到了新闻媒体等领域。在《论新闻舆论工具在社会协商对话中的重要作用》一文中,研究者提出,新闻媒体应该为社会各阶层之间的相互理解搭好桥梁。文章认为:"要通过宣传报道为领导机关与人民群众之间的相互理解搭好桥梁,这就要改变过去那种封闭状态,打破某些人为设置的禁区,增加对政务和党务活动的报道。"③在《充分发挥党报的社会协商对话渠道作用》一文中,王菁华(1988)提出了类似观点:"报刊、广播、电视等新闻舆论工具的职责,就是要在社会协调对话中通过

---

① 郭龙华:《电视问政:创新政务公开新形式》,《新西部》,2013 年第 11 期,第 91 页,51 页。
② 廖丽娟:《电视问政践行群众路线的有效途径》,《领导科学坛》,2013 年第 8 期,第 55—56 页。
③ 肖兵:《论新闻舆论工具在社会协商对话中的重要作用》,《求索》,1988 年第 4 期,第 46—47 页。

自己的报道,为人们之间的这种相互理解与支持架设起美好的桥梁。"

在近年来的相关研究中,学术界认同大众媒介越来越多地介入公共政策过程,不同媒介的表现关系着其在构建民主政治文化中的功能问题。但是对于借助一种新闻媒介形式,直接推动社会协商、实现协商民主的研究较少涉及。

互联网兴起之后,协商民主所面临的社会环境发生了巨大变化。互联网带来了强大的外部效应,改写了原先政治权力结构与传播权力结构之间的微妙平衡,造成大众政治的崛起。张涛甫(2014)认为:"网络空间里的大众政治带有协商民主的成分,但网络协商民主不是真正意义上的协商民主。"张涛甫同时指出:"防止大众政治失控,需要谋求精英政治与底层政治的再平衡,改变失衡的传播权力格局,同时需要提高政治沟通质量。"①

第三节 研究方法与内容

沟通和理性是协商民主的基本理念。政策决策最好是通过广泛协商来做出,协商参与者尽可能平等而广泛。以平等公开对话、理性互动妥协为特征的协商民主可以凝聚共识、在推动社会管理中发挥重要作用。

一、本研究的理论工具

本书的理论依据为协商民主理论,以及在此理论基础上建构起的社会协商理论。协商民主理论是 20 世纪末期西方政治学界兴起的一种民主范式,自由主义和批判理论构成了协商民主的理论基础,参与、平等、理性、公开是其基本价值规范,协商是主要行为方式。协商民主理论认为,协商民主实践应当包括两大核心要素,即一定程度的"民众话语权实现"和运转良好的"偏好转换"。

1.协商民主"偏好转换"理论

"偏好聚合"是达成共识的常见形式,在政治生活中较多地表现为投票、选举等方式。其优点是简单实用、成本较低,但也存在一些问题,如多

---

① 张涛甫:《新媒体语境下大众政治勃兴与协商民主建设》,《南京社会科学》,2014 年第7 期,第 96－102 页。

数决定原则下少数意见易被忽视,过于注重聚合结果而忽视过程,聚合结果并不必然符合最佳选择,在达成共识的同时容易掩盖深层次矛盾等。

偏好转换能够在某种程度上避免上述问题。偏好转换建立在"地位平等"和"理性沟通"基础之上,参与者可以自由发表自己的意见、见解和诉求;在相互讨论中权衡自己和他人的观点,或坚持自己的观点,或接受他人的观点,或产生新的想法,最终达成共识。与偏好聚合相比,偏好转换更适应经济社会结构、利益诉求、价值追求的多元化趋势,能够赋予参与者自由、平等表达的机会,更加注重共识的形成过程而非结果,更容易形成最佳选择,也更容易发现并解决深层次矛盾。[①] 在协商民主实践中,形成了自由讨论的公共平台,民众由此获得更加全面的信息和更具说服力的观点,其最终目的是在理性沟通和思辨中实现偏好转换、进而达成共识。

2. 协商民主"话语权"实现理论

话语权最大限度地掌握在民众手中,是判断协商民主的重要依据。安东尼奥·葛兰西将话语权区别于直接的强制性统治。他认为,话语权体现着被统治阶级自愿服从统治阶级在伦理文化和意识形态上的领导。而福柯认为,话语本身就是一种实践的权力,话语既是权力的产物,同时也产生权力。

就协商民主来说,民众话语权是协商民主的重要判断标准。民众话语权,是指民众在充分了解相关信息的基础上自愿参与公共事务治理,理性表达,合理监督,对公共决策产生实质影响并获得及时反馈的一项基本权利。在协商民主实现中,民众话语权的主体是普通民众,即民众个体和由个体组成的各类阶层、团体和群体,包括农民、农民工、市民、企业职工和各种形式的网民群体。客体包括三个方面:一是自愿参与公共事务治理,理性表达,合理监督的权利;二是对公共决策产生实质影响的权利;三是获得及时反馈的权利。

3. 公共领域理论

所谓公共领域"指我们的社会生活中的一个领域,某种接近于公众舆

---

① 郭鹏:《协商民主的边界》,《中国社会科学报》,2015 年 6 月 12 日第 2 版。

论的东西能够在其中形成"①。一般而言,公共领域是一个国家和社会之间的公共空间,市民们假定可以在这个空间中自由地发表对社会公共事务的看法、意见,不受政府的干涉,是介于国家与社会之间并对其关系进行调停的领域,是"政治权力之外,作为民主政治基本条件的公民自由讨论公共事务,参与政治的活动空间"。公共领域包括团体、俱乐部、通讯、出版、党派、沙龙、书籍、杂志等。

公共领域理论由汉娜·阿伦特正式提出。1962 年,哈贝马斯在论文《公共领域的结构转型》中对该理论进行发展性的研究。哈贝马斯把公共领域与私人领域、公共权力领域区分开来。他认为,公共领域原则上向所有公民开放。公共领域的一部分由各种对话构成,在这些对话中,作为私人的人们来到一起②,形成了公众。当他们在非强制的情况下处理普遍利益问题时,公民们作为一个群体来行动;因此,这种行动具有这样的保障,即他们可以自由地集合和组合,可以自由地表达和公开他们的意见。当这个公众达到较大规模时,这种交往需要一定的传播和影响的手段;今天,报纸和期刊、广播和电视就是这种公共领域的媒介。当公共讨论涉及与国家活动相关的问题时,我们称之为政治的公共领域(以之区别于例如文学的公共领域)。

公共领域主要由三方面要素构成:公众、公共意见或公众舆论、公众媒介与公共场所。哈贝马斯把公共领域的特征概括为两点:

第一,公共领域是公共权力领域与私人领域之间的一块中间地带。它介于公与私的交叉点上,既不完全公也不完全私。它的根本原则是:属于私的范畴,非强制性、不受官方干预,也不受任何教条、传统和权威限制与约束;公共领域不同于私人领域,其关注的是私人领域中关于公共事务的部分,公共领域所形成的意见代表着社会整体的普遍意志,这种多数人的共同意识是形成公众或公共意见的关键。

第二,哈贝马斯的公共领域思想包含着否定、批判的求同存异性。正是基于此观点,由私人构成的公共领域是"一个松散但开放和弹性的交往

---

① 展江:《哈贝马斯的"公共领域"理论与传媒》,《中国青年政治学院学报》,2002 年 2 期,第123—128 页。

② 展江:《哈贝马斯的"公共领域"理论与传媒》,《中国青年政治学院学报》,2002 年第 2 期,第 123—128 页。

网络"。公共领域中的交流是非官方的自由言论,其批判意义显而易见,具体表现在:公共领域中的交流是非官方性的,与政府的标准言论无关;公共意见的形成实际上也是一个批判、否定的过程。

哈贝马斯的公共领域的概念所强调的是人们之间的理性的话语交流,通过这种交流人们就他们生活中的问题达到相互理解,形成一致意见。哈贝马斯认为,公共领域是一个人们相互交流而形成的社会空间,是人们之间所产生的话语交流的虚拟空间。"公共领域最好被描述为一个关于内容、观点也就是意见的交往网络;在那里,交往之流被以一种特定方式加以过滤和综合,从而成为根据特定议题集束而成的公共意见或舆论。"[①]

二、研究方法

新媒体背景下,社会协商面临的困扰及其应对策划,学界尚缺乏系统研究。在社会协商中,电视问政能否真正发挥作用? 新媒体背景下如何更好地推动社会协商? 正是本书要着力突破的地方。

本书以多个协商类电视问政传播情况为案例,运用深度访谈、案例研究和问卷调查等方法,分析新媒体背景下通过电视问政平台组织观众广泛参与、协商达成理性共识的实现路径。通过问卷调查的量化方法,探索性地发现公众对电视问政节目的认知和认同等态度方面的情况。同时,按照事理与逻辑统一的原则,在此量化研究基础上进行案例研究,对有关的功能、作用、路径等情况进行进一步了解。

本书的研究对象为中国大陆地区的协商类电视问政节目。具体研究中选取了浙江省公共管理创新案例媒体互动平台《我们圆桌会》、中国新闻名专栏《民声》、浙江新闻名专栏《政情民意中间站》以及部分中国新闻奖电视新闻访谈类获奖节目等为研究样本,分析协商类电视问政传播活动。以社会治理的视角分析协商类电视问政节目现状、社会功能、价值追求、运作经验及其面临的挑战,重点研究新媒体环境下社会治理领域的现实命题,即媒体、市民、政府、知识界如何开展有效互动。

---

① 哈贝马斯著,曹卫东等译:《公共领域的结构转型》,学林出版社 2004 年版,第 446 页。

三、内容架构

本书共 9 章,各章节的主要内容安排如下:

第一、二、三章分别介绍协商类电视问政的研究背景、对象、发展历程以及主要实践情况。第四章介绍协商类电视问政的功能。第五、六、七、八章分别研究协商类电视问政的主要参与方——官员、市民、媒体、主持人的具体参与情况以及面临的问题。第九章分析新媒体背景下的协商类电视问政。

本书认为,多数受众愿意通过电视问政参与社会协商,经常收看该节目的市民,更认可这种方式;参与过协商的市民,比没有参与的市民更认同这种协商方式。蓬勃发展的新媒体传播对市民参加社会协商的意愿产生了消极影响。官员、市民、专家等通过电视问政平台进行社会协商,可以实现有效的社会协商。电视问政社会协商功能的基本路径是:新媒体自由表达—电视问政平台组织面对面协商—形成共识—推动科学决策—影响新媒体表达。实践表明,通过协商对话不仅可以达成一定程度的理解,而且可以推动问题的解决,缓解网络舆情中的紧张对立情绪。在互联网条件下,协商民主所处的社会环境、借助的技术手段都在发生改变,协商民主的实现形式急需创新。实证研究发现,电视问政节目《我们圆桌会》通过组织社会各界代表进行对话,构建起一个"线上线下"互动传播和"体制内外"相互作用的运作机制,成为我国基层协商民主领域的成功实践。

电视问政作为新媒体背景下重要的传播形态,实际上已经发挥了重要的社会协商。本书指出,网络表达的不理性现象是影响社会协商的关键因素。本书还进一步分析了营造理性的协商氛围的核心要素。这一研究对于应对当前复杂的传播生态具有重要意义。

第二章　协商类电视问政的发展历程：
从政治协商到社会协商

第一节　电视问政的发展历程

20 世纪 90 年代,在西方兴起的公共新闻运动中,电视问政开始出现并被广泛运用①。在西方国家,电视问政强调公民的积极参与和讨论,在两党或者多党执政的政治架构中,官员出于争取选票的考虑,具有主动上电视陈述执政理念的动力。国内的电视问政则开始于 20 世纪 90 年代后期,随着改革的推进,电视问政活动日益活跃。

一、电视问政活动的诞生

对于我国电视问政的源头,北京大学电视研究中心俞虹教授曾经撰文进行论述。她认为:"最早的电视问政节目应该是广州电视台 1997 年创办的《市民广场》。这个节目直接把主要职能部门和广州市民请到一个广场上做直播,当时观众都感到耳目一新。"②她进而指出,早期的电视问政节目过于注重"官方性",使得节目的思想性跟不上,刚开始可以做下来,渐渐地就失去最初的定位。"参与节目的官员面临着'屁股决定脑袋'的现实问题。参与嘉宾在电视镜头前能不能说真话? 彼此能否真正进行一种有效的沟通? 能否使这类节目真正能够有价值地生存下去? 这些都成了问题。

---

① 葛明驷、何志武:《电视问政十年:文化效应与反思》,《中州学刊》,2015 年第 3 期,第 168—171 页。

② 俞虹:《〈我们圆桌会〉的独特价值及相关思考》,《杭州》,2013 年第 1 期,第 5—6 页。

结果造成了一种冲突——官员不愿意上、百姓不愿意看、媒体觉得没有市场，最终节目难以生存。"①

学术界较为一致的观点是，最早实现日常播出的电视问政栏目是创办于 2002 年的《周末面对面》（郑州电视台）。但由于存在时间短，这一栏目不太被关注。电视台把党政官员和市民共同邀请到演播厅，就当下重大的公共事务进行讨论和交流，但节目的影响力不够，没有引起广泛反响。此后，甘肃兰州电视台的《"一把手"上电视》栏目（2005 年 6 月）等陆续创办。这些监督类电视问政，一般采用直播方式进行，让官员直接站在聚光灯下，接受媒体监督，接受群众质询。通过群众提问、官员作答、现场评议等方式，让公众直接参与问政。电视问政坚持以问题为导向，坚持"百姓参与、百姓评说、百姓监督"的传播理念，成为政府、媒体、市民真诚沟通解决问题的平台，起到了汇集民意、集中民智、聚集民力、参政议政、谋政助政的作用。这些节目一般都在电视台黄金时间播出，当地的党政官员（有的是各单位的"一把手"）轮流在电视中亮相，实施电视办公，接受群众投诉，解决存在的问题，宣传有关政策，提供业务咨询。

中央电视台也曾进行过相关探索。2003 年 5 月，央视新闻频道开播电视问政栏目《声音》，由敬一丹主持。栏目时长 25 分钟，于每周日 22：33 播出。节目针对全国"两会"提案、议案等，组织官员与公众进行交流。其主题为"关注社会难点热点，倾听民众声音，沟通各方观点，促使问题解决，探究民情民意，加快法制建设，推进民主进程"。栏目定位是"传达智者的声音，放大弱者的声音"。然而这定位并未得到很好实现，因未能达到预定的社会效果，《声音》节目仅运行了一年就停播了。在回顾该栏目时，敬一丹认为："尽管是交流类节目，但是我们这个栏目交流的色彩是质询，人大代表和政协委员理直气壮地质询相关部门，跟《焦点访谈》那种问责有点像。"

二、电视问政活动的勃兴

2010 年 12 月，杭州电视台与杭州市委办公厅等单位合办的《我们圆桌会》开播，这种方式融合了"政治协商制度""立法听证""基层民主治理"

---

① 俞虹：《〈我们圆桌会〉的独特价值及相关思考》，《杭州》，2013 年第 1 期，第 5—6 页。

与"公共论坛"4种方式,成为一种全新的实践。

2011年,电视问政作为一种新的问责形式在国内许多城市陆续出现。湖北、浙江、四川、河南、山东、宁夏等省(自治区)的多地政府部门,都以电视问政的形式接受群众对一年工作的"期末考核"。

2012年12月2日,浙江金华电视台新闻综合频道开播《问政时刻》栏目,宗旨是"发现身边问题,解决身边问题"。节目每周一期每期30分钟。

2012年,武汉《电视问政》节目引发全国关注。该节目在直播期间,连续5天的收视率是同时段热播电视剧的一到两倍。

由于地方治理的需要和政策实施的区域性等特点,这些电视问政活动都是在某一个城市或者某一个县域进行,很少有全省、全国性的平台。直到2013年,国内第一个省级电视问政节目——湖南经视《电视问政》开播。

2013年6月,江苏南京电视台创办的电视问政节目《民声》开播。运行短短两年,该栏目便获得了第25届中国新闻奖名专栏奖,这也是电视问政栏目首次问鼎中国新闻界的最高奖项[①]。

据不完全统计,直至2016年年底,国内电视问政节目有200多档(见表2-1、表2-2)。这些栏目从风格来看,可以分为两类。一类以武汉市的《电视问政》为代表,为侧重于监督的电视问政;另一类以杭州市的《我们圆桌会》和南京电视台的《民声》等为代表,为侧重于协商类的电视问政。

表2-1　国内电视问政栏目一览(一)

	栏目名称	播出单位	创办时间	主办单位
1	民生问与答	天津都市频道	2011年7月	电视台
2	电视议政会	山西卫视	2011年1月	省政协与电视台
3	电视议政会	山西吕梁电视台	2012年3月	市政协与电视台
4	电视问政	宁夏银川电视台	2012年12月	市纪委、市委宣传部、市电视台
5	电视问政	湖北武汉电视台	2006年	武汉市治庸问责办公室、武汉广播电视总台

① http://news. xinhuanet. comzgjx2015−06/09/c_134310656. htm。

	栏目名称	播出单位	创办时间	主办单位
6	政府与百姓	河南洛阳电视台	2010 年 8 月	市委、市政府、市纪委、市委宣传部
7	电视问政	河南驻马店遂平电视台	2012 年	
8	我们圆桌会	浙江杭州电视台	2010 年 12 月	市政府与电视台
9	人民问政	浙江温州电视台新闻频道	2012 年 9 月	市人大与电视台
10	政情民意中间站	浙江温州电视台都市生活频道	2002 年 6 月	市政协与电视台
11	向人民汇报	江苏南京电视台	2009 年	市纪委、市监察局、市纠风办与多媒体联动
12	三公开三报告	江苏扬州电视台	2012 年 12 月	市纪委与电视台
13	问政面对面	江苏武进电视台	2012 年 9 月	区纪委、区政风热线工作领导小组与电视台
14	问政·合肥——政风行风面对面	安徽合肥电视台新闻频道	2012 年 11 月	市纪委监察局、市政府纠风办
15	广东民声热线	广州广东电视台新闻频道	2006 年 6 月	省纪委、电视台、南方日报、羊城晚报社
16	沟通无界限	广州电视台综合频道	2006 年	电视台
17	阳光问政	四川巴中广播电视台	2013 年 1 月	市纪委、市委宣传部、市监察局、市软建办
18	向人民承诺——电视问政	广西南宁电视台新闻综合频道	2014 年 3 月	市纪委、市委宣传部、市监察局、市文化新闻出版广电局
19	电视问政	浙江舟山广电总台	2014 年	市纪委、市宣传部
20	问政时刻	陕西西安电视台	2016 年 4 月	
21	作风监督面对面	山东济南电视台	2017 年	市委市政府、市纪委、济南广播电视台

续表

	栏目名称	播出单位	创办时间	主办单位
22	市民问政	湖北襄阳电视台	2012 年	市纪委、市委办公室、市政府办公室、市委宣传部及襄阳广播电视台、襄阳政府网
23	问政进行时	吉林长春电视台综合频道	2016 年	市委、市政府
24	经视问政	湖南经视	2013 年	
25	每日聚焦	陕西西安电视台	2016 年	
26	电视问政	湖南郴州电视台	2014 年	
27	督履职 促发展 惠民生——2015 湖北媒体问政	湖北电视综合频道	2015 年	省纪委、省监察厅、省纠风办
28	百姓问政	陕西延安广播电视台	2015 年	市纪委、市监察局、市广播电视台
29	进基层 访群众看履职	湖北宜都电视台	2016 年	市纪委、市监察局、市纠风办

表 2-2   国内电视问政栏目一览(二)

	栏目名称	所在地区	播出频次	节目时长	节目风格
1	民生问与答	天津			协商交流类
2	电视议政会	山西			协商交流类
3	电视议政会	山西吕梁			协商交流类
4	电视问政	宁夏银川			监督类
5	电视问政	湖北武汉	每年1月连续5天问政上一年度"期末考"		监督类
6	政府与百姓	河南洛阳	每周一次	60min	监督类
7	电视问政	河南驻马店			
8	我们圆桌会	浙江杭州	每周两次(周六周日)	40min	协商交流类
9	人民问政	浙江温州	每周一次	20min	监督类

	栏目名称	所在地区	播出频次	节目时长	节目风格
10	政情民意中间站	浙江温州	每周一次	40min	协商交流类
11	向人民汇报	江苏南京			监督类
12	三公开三报告	江苏扬州	非定时直播节目		监督类
13	问政面对面	江苏武进			监督类
14	问政·合肥——政风行风面对面	安徽合肥	两个月一次		监督类
15	广东民声热线	广东			监督类
16	沟通无界限	广东	每周一次	25min	协商交流类
17	阳光问政	四川巴中	两个月一次	25min	监督类
18	向人民承诺——电视问政	广西南宁	每月两期(直播)		
19	电视问政	浙江舟山	直播节目	约120min	监督类
20	问政时刻	陕西西安	两个月一期		监督类
21	作风监督面对面	山东济南	直播节目		
22	市民问政	湖北襄阳	直播节目		监督类
23	问政进行时	吉林长春	周播一期	30min	协商交流类
24	经视问政	湖南省	系列专题节目	约80min	
25	每日聚焦	陕西西安	每日一期		
26	电视问政	湖南郴州			
27	督履职 促发展 惠民生——2015湖北媒体问政	湖北省	两场直播		监督类
28	百姓问政	陕西延安	每两周一期直播		监督类
29	进基层 访群众 看履职	湖北宜都			监督类

电视问政的勃兴产生了深远的影响。有学者把电视问政称为中国电视新闻改革的"第三波峰"①（前两次分别是：20 世纪 90 年代出现的以《焦点访谈》为代表的舆论监督热潮；20 世纪末一直到前些年的以《南京零距离》为代表的民生新闻热潮）。更有观点指出，电视问政体现了传统媒体参与社会治理态度的转变。"电视问政在全国各地兴起，其实是传统主流媒体舆论监督中心由批评向建设性倾斜的一种积极变化。"②其特点是"疏导社会情绪、沟通官民之间的关系"。北京大学顾亚奇分析认为，"从平面媒体到广播媒体再到电视媒体、网络媒体，媒体问政一直有迹可循。电视媒体问政之所以较其他媒体的'问政'引起了更多的社会关注，主要在于它的覆盖面、贴近性和权威性。"③

第二节　协商类电视问政的兴起

人们在对电视问政寄予巨大希望的同时，往往不自觉地忽略了一个事实：舆论的力量只是一种间接力量。以"问责"为核心的"曝光式电视问政"行为，体现着新闻媒体的担当与责任，但也面临着许多现实困境。曝光式问政（监督）适用于已有问题的发现。如果问题还没有发生，也就无从谈起曝光和监督；一些电视问政形式大过内容，甚至沦为"官员秀"；不少电视问政节目在引发一阵议论和热闹之后，就没有了下文。多数电视问政节目拘泥于一时一事，缺乏对城市管理的全面考量。这是社会各界，包括媒体自身所不愿意看到的。

"新闻媒体本身是不能独立完成监督的。一个社会的监督手段也不能是唯一的，除新闻的监督外，还应有行政的监督和法律的监督。舆论只有与法律的力量、行政的力量接通之后，才能切实有效地作用于社会。"④在地方治理和政府运作中，"问责"有效，但是并不绝对。吕值友（2010）等认为，不应无限放大监督内容或过度批评政府，电视问政节目并不是越激烈、

---

① 胡智锋：《作为中国电视新闻改革第三波峰的电视问政节目探析》，《视听纵横》，2014 年第 6 期，第 24—27 页。

② 李松：《电视问政喜与忧》，《法治与社会》，2016 年第 10 期，第 24—25 页。

③ 顾亚奇：《从"我们圆桌会"看中国的电视问政》，《杭州》，2013 年第 1 期，第 7—8 页。

④ 孙玉胜：《十年》，生活·读书·新知三联书店 2003 年版，第 113 页。

越劲爆越好；解决之道是常态化的官民沟通和民众参与监督。

正是基于这一思考，协商类电视问政悄然出现。从现有可查的资料来看，最早的协商类电视问政活动诞生于浙江温州。21世纪初，作为政治协商的一部分，电视与政协组织开始了深度合作。

一、政协工作创新与协商类电视问政

时任温州市政协副秘书长孙丽雅回忆，2002年年初，当时全国有近20个地方政协与电视媒体合办栏目，多数以宣传政协、提高政协知名度为主。针对利用媒体资源方面的探索，温州市政协考察组还专门去武汉、深圳等地调研。是仿效其他地区的做法，还是进行创新和尝试，温州市政协一时举棋不定。2002年4月25日，温州市七届政协党组召开了扩大会议，就如何与电视新闻媒体合作一事进行专题研究。对于栏目定位和名称争议比较大，有人提出栏目名称还是叫《政协之窗》或《政协视线》等为好。最后时任温州市政协主席蒋云峰力排众议："我们合办这个栏目的目的不是宣传政协日常工作，它应该是一个政府与群众交流的平台；一个政情下达、民意上传的平台；一个委员、群众直接参政议政，实行民主监督的平台。"

在当时的社会环境下，这一全新的做法无疑具有挑战性。2002年4月，温州市政协党组将拟开办《政情民意中间站》栏目的意见向温州市委主要负责人做了汇报。据温州市政协编著的《温州对话——走进〈政情民意中间站〉》记载："经慎重考虑并与市委其他负责同志沟通后，时任温州市委书记李强同志决策支持栏目的开办，还多次在有关会议上宣传这一栏目，要求党政部门的官员们多走进中间站，借助这个平台与群众进行平等的对话沟通，听一听群众对他们工作的评价，并且从中吸取有益的意见和建议。"[①]

此后15年，《政情民意中间站》始终按照这一定位探索一种"官民对话"的全新方式。2007年、2012年、2017年先后三次召开栏目理论研讨会。以《政情民意中间站》为代表的协商类电视问政成为我国电视事业发展的一个重要标志。

---

① 温州市政协：《温州对话——走进〈政情民意中间站〉》，当代中国出版社2007年版，第364页。

温州电视台《政情民意中间站》录制现场

二、顺应时代需求的协商类电视问政

2002年,温州的《政情民意中间站》栏目诞生后,协商类电视问政进入实践操作阶段,这一理念和模式逐渐被受众接受。2010年、2013年杭州和南京两地相继出现了《我们圆桌会》《民声》等具有鲜明协商特征的电视问政栏目。在山西、天津、辽宁、广东等地,此类节目也纷纷出现,并受到广泛认同。协商类电视问政的出现并不偶然,有其深刻的时代背景。

1. 媒体全面实现政治参与功能的需要

从自身定位来看,创办协商类电视问政节目是媒体全面实现政治参与功能的需要。"在现代民主政治中,新闻媒介已成为重要的中介机构,其政治功能主要体现在维护政治权力的合法性、塑造政治文化、参与政治决策、进行舆论监督四个方面。"①如果从曝光的角度理解媒体与政治的关系显然过于狭隘,也不利于媒体社会功能的充分发挥。

---

① 李良荣:《新闻学概论》,复旦大学出版社2007年版,第142—144页。

在城市化进程中,除了一些"失职""失责""短视"等问题需要面对外,还有不少"发展性"问题值得关注。"城市生活共同体的有效运行,需要发挥每一个组织、每一位市民的作用,让广大市民参与城市治理,成为城市政府的伙伴和助手,这既是时代要求和世界潮流,也是宪法和法律赋予他们的权利,是运用法治思维和法治方式解决改革发展难题的表现。"比如,公共领域的建设、举措、规划等话题并不涉及对错善恶,是不同利益集体间的矛盾冲突,通过舆论引导来组织公民参与其中,是"参与政治决策""塑造政治文化""维护政治权力的合法性"的有效方式。

2. 减少社会管理成本的需要

从城市治理来看,重视"协商类电视问政"是减少社会管理成本的需要。"曝光"是一个个具体事实的展示,其背后意味着失职、失责。但一时一事的曝光永远是亡羊补牢,整改过程阻力重重,社会成本巨大。"现在中国城市的治理已经进入了政府不可能包揽天下的时代。很多城市问题的解决需要政府和社会机构进行协商、合作、沟通交流和对话。这个过程不是对立,而是对话和讨论。"①一些问题往往有着复杂的历史原因,不是当下"问责"就能解决的。城市所面临的不仅仅是现在的、哪一个具体的部门和单位的责任。制度建设与民众的有效参与是城市治理的捷径和动力。媒体要在城市治理或者地方治理中发挥更多的作用,就必须立足长远,在促进各阶层沟通上多下功夫。

3. 搭建参政平台的需要

从公众期待来看,重视协商类电视问政是搭建参政平台的需要。随着社交媒体的兴起,网络时代曝光事实的渠道大大增多。在信息交流的过程中,社会缺少的不再是表达和发现的空间(当然这些空间一如既往地需要加强),同时更需要一个对话交流的平台。"从民意测验到电子论坛,现在公民介入的方式所缺少的是给公众提供一种机会,让他们对自己的观点进行辩论和维护。"②这一互动平台不仅提供政府与公众之间的对话,同时也促成市民之间、不同利益群体之间、不同身份者之间的对话。人们只有在

---

① 王平:《电视问政行为获好评　媒介应做政府与社会沟通桥梁》,人民网,2012 年 12 月 20 日。

② 兰斯·班尼特:《新闻,政治的幻象》,当代中国出版社 2005 年版,第 333 页。

对话中才能加深了解、消除隔阂、减少冲突,进而增进互信,减少社会的发生。

在问题发现时、政府决策前、措施落实中,组织各界参与,开展协商交流,理性探讨,谋求最佳途径。这是当前城市治理中表现出来的趋势。媒体应该、也完全可以积极推动政府职能的转变,推进协商民主的实施。这些才是重要的媒体参与政治。

在当前网络暴力、媒体话语霸权、政府信息公开不彻底、各群体间信任度差的背景下,推动对话,组织协商类电视问政,是表达公民合法诉求的需要,也是培养公民精神的需要。面对现实、寻求解决是公众的期待。从参与的角度来说,媒体还可以通过信息交流来影响政治。鼓励参与、培养理性是媒体应有的职责。

三、两类电视问政并存现象

尽管协商类电视问政和监督类电视问政在方向上截然不同,但是却并不妨碍两者的共同发展。在温州和南京等地,甚至还出现两种类型电视问政并存的现象。

在南京,《向人民汇报》和《民声》两个电视问政栏目同样名声响亮。《向人民汇报》由南京电视台、南京市纪委、南京市纠风办共同主办。节目现场氛围尖锐犀利。问政对象是市领导、下属区长、职能部门官员。内容紧贴民生公益。其发展经历了两个阶段,第一阶段为1998—2008年。以三年为一个周期,实行"一年评议、两年巩固、三年提高"的做法,每个周期确定15个参评的重点部门和行业,每年评议5个。第二阶段从2009年开始,《向人民汇报》推行民主评议政风行风全媒体直播活动,采取每两年为一方案,一年评部门,一年评行业。

《民声》则选择了不一样的风格。栏目采用了一种温和协商的方式,注重官民之间的"角色互换",提倡换位思考。

在温州,电视问政栏目也有两个,即《政情民意中间站》和《电视问政》,分别在公共民生频道和新闻综合频道播出。

《政情民意中间站》为录播节目,由温州广电传媒集团与温州市政协联合主办,2002年6月开播。栏目宗旨为"直接参政议政,促进民主监督,架起沟通桥梁,传递百姓心声"。节目邀请政协委员、政府部门领导、专家和

南京电视台《民声》录制现场（一）

市民代表共同参与，研讨政情、表达民意、针砭时弊、发表见解。媒体与政协组织合作，在当地开辟了一条公众参与政治协商的渠道。这种方式可以看作是"政治协商制度"与"公共论坛"的结合。

《电视问政》为大型直播节目，活动由温州市委、市政府主办，市委宣传部、市考绩办、市文明办、温州广电传媒集团联合承办，2014 年 3 月 31 日开播。节目借助电视媒介搭建起一座民众与政府沟通、交流的桥梁，打造出多层次、多视角的节目内容，创新了全媒体联动督政模式。该栏目每年组织 6 场问政活动。每次问政开始前，电视台通过前期走访并向社会公开征集选题线索，确定了若干个正式的问政案例。电视问政中曝光问题的整改情况直接与各单位领导干部与工作人员的考绩挂钩。每期电视问政播出后，第二天各相关单位就会收到温州市考绩办发给他们的"督办通知书"，要求其限期整改，并及时反映整改情况。如果整改不到位，将在全年的考绩分数中进行扣分处理，而这个考绩分数是每个单位全年工作业绩的体现，直接关系职工奖金和领导干部的升迁。

第三节 协商类电视问政的特点

一、两类电视问政的区别

"曝光式电视问政"虽说是"问政",但是实际上主要在于"问责"。比起传统新闻报道,这类电视问政增加了公众参与过程,其"问"的功能得到了进一步强化。这些电视问政与媒体早期的"曝光"在思路上一脉相承——以不同形式的"曝光"推动地方政务完善,推进地方治理。在电视、网络现场直播、录播或者其他报道中,抓证据促整改是"曝光式电视问政"的关键。"(电视问政行为的)核心取向是用时政的眼光来追问新闻事件中责任单位是否履职?是否担责?有无问责?重在推进问题解决,助推转型发展。"①从这个意义上说,当前许多电视问政是"加强版"的曝光,是更有力的舆论监督。

由纪委参与主办的节目,以"问责为导向",采取的是一种倒逼机制。《人民日报》(海外版)披露的一组数据显示,在节目播出的同时,不少官员被问责。"在宁夏银川,截至 2013 年年底,电视问政节目播出 7 期,67 名干部因'考试'不合格被行政问责,17 人被行政处理。在四川巴中,从 2013 年 1 月到目前,电视问政节目播出 8 期,共问责 26 人,其中停职 2 人,免职 3 人。在湖北武汉,截至 2012 年 4 月底,通过电视问政节目,全市共问责 96 起,给予党纪政纪处分 16 人,组织处理 106 人,涉及局级干部 3 人、处级干部 36 人、科级干部 37 人。"

以"曝光"为核心的电视问政,与以"协商"为核心的电视问政都是媒体履行社会职责的载体。媒体以此来传播信息、影响社会、推动治理,但是两者也存在着明显不同。

1. 前者以"责任落实"为导向,后者以"矛盾化解"为导向

作为重要的中介机构,政治参与最主要、最直接的一个目的是参与政治决策。"大众媒体参与政治决策主要通过两种方式实现:沟通信息和影

---

① 周丽峰:《新闻追问:追出电视问政新模式》,《新闻战线》,2013 年第 7 期,第 96—97 页。

响舆论。"①从政治力学角度来看，"电视问政改变了既有的权力关系：在一定环节、一定层面上，它把对上负责的权力变成了对下负责的权力。虽然这样的改变并未触动根本性的权力关系，但它至少撕开了一个缝隙"②。由于媒体的存在，官员不仅仅"对上负责"，同时也要"对下负责"，权力变得更为透明。

协商类电视问政同样也要抓证据、摆事实，但更重要的是组织各方"面对面"交流，群策群力商议对策。"问责"是一方面，"求解"是更重要的一方面。所有的交流、协商、妥协、信息披露都是以解决问题为导向的。

2.前者以媒体发现为主要手段，后者以推动参与对话为主

找到证据、追查责任方、公布于众，是"曝光式问政"的一般程序。其常常需要借助暗访、蹲守等办法。协商类问政的主要手段是推动"对话交流"。面对公共关心的话题或者问题，迅速找到其相关方，在合适的时间地点、按照一定的议程进行交流。及时传播协商结果是协商类问政的一般路径。其重点不仅在于发现了什么，更重要的是以媒体的平台资源，把所有相关方纳入一个协商沟通的议程。

3.前者注重力度和刚性，后者注重理性和深度

"曝光式问政"的前提是对于非正常事件的事后挖掘。在"监督国家立法""政府决策的民主化、科学化""国家政令畅通""国家公务员遵纪守法"等方面，只要责任清晰、问题明白、证据确凿，媒体曝光便可以起到有效的舆论监督作用。随着对那些不正常后果的展示，是非、善恶、对错，一目了然。相关方直接碰撞，冲突性大，原则性强。而协商类问政并不局限于此。在媒体发起的公开交流背后是政府主导、各界参与。在公开讨论中，每个人的发言都要接受大众审视。参与者不仅要面对现状问题，也要面对个人体验；不仅要考虑操作细节，也要关注历史渊源。这种方式更多倾向于理性互动，体现媒体在参与社会管理上的深入思考。对于"曝光式问政"来说，地方主要领导班子的支持才是电视问政具有威慑力、强制力的重要保障。

---

① 李良荣：《新闻学概论》，复旦大学出版社 2007 年版，第 144 页。
② 喻中：《电视问政改变了"权力对谁负责"的问题》，《社会科学报》，2013 年 1 月。

二、协商类电视问政的四个特征

"冰冻三尺非一日之寒"。一些机关干部的"庸、懒、散"陋习长期存在，如果不让他们从内心深处真正树立起一种为民服务、勤政为民的意识，恐怕再多的曝光和批评也只能是治标不治本。更何况，靠暗访、投诉等手段发现问题本身存在偶然性。推动地方治理信息公开化，通过媒体平台"问计于民""问需于民"是地方治理的有效途径，也是地方政府"善用媒体"的直接体现。协商类电视问政着眼于构建治理平台，具有以下四个鲜明特征。

1.共建共享

在协商类电视问政平台上，参与节目的党政、市民、媒体等各界代表都以第一人称姿态出现，以彼此复合、主动关联的方式展开理性交谈。节目传递一种氛围："我们"共同参与城市管理，共享管理成果。"我们"主体的构建，包括对党政官员参与的鼓励。温和的尖锐、建设性的探讨是协商类电视问政节目的价值观。这样做的意义在于理性的弘扬。因为对于城市管理来说，鼓励的是官员，推动的是社会。如果媒体对官员的亲民言行、务实举措多一些倡导，就会正向强化官员更多的"民主风范"和"民主人格"，社会就会更多一些向上的共识和凝聚力。

"我们"主体的构建，包括对普通市民参与的鼓励。在城市管理中，很多时候人们关心的是事，而不是人。诸多城市难题的背后，那些利益相关者内心是怎么想的？他们的状态怎么样？为什么会有这样的表现？有没有一种办法，能够让他们心平气和呢？能不能让城市的管理者、普通人、利益相关者在问题面前多一份理性呢？能不能让更多的人参与到社会管理当中去？这些不仅仅是社会决策者的事，也是每一个公民的事。《我们圆桌会》栏目目前通过四种渠道让百姓参与：微博、杭网议事厅论坛、热线电话、杭州市政府市民之家市民代表。普通市民、当事人充分表达的节目，往往也是最有感染力的节目。

2.平等交流

在协商类电视问政节目录播和网络直播中，各方面对面坐在一起，通过公开交谈和理性交流，努力实现观点上的共识，同时也广泛吸纳民意，汇聚智慧,寻求最佳的和谐的管理路径。在传播信息的过程中,无时无刻不在传递着一种情绪,疏导着人们的情绪。参与的各方努力在表达中寻找自身的诉求,在倾听中寻找共性和共鸣。

3. 多方联动

协商类电视问政节目不仅涉及信息传播、节目制作等表面问题,还涉及部门参与的协调、话题取向的把握、社会各界的联动。这些都超出了媒体自身的能力范畴。如果按照一般电视栏目的方式,显然不能满足这几点。以《我们圆桌会》为例,栏目与杭州市民之家合作,随时邀请市民之家市民代表参与话题。栏目与市有关职能部门和区、县(市)联动,建立工作渠道和应对突发事件的通道,形成有效的发布解释和建议征集机制。栏目与政策制定部门建立互相联动机制,在政策调研、发布和执行阶段通过栏目进行意见征集、发布、反馈等。市民参与、专家支撑、党政引导、媒体传播多方联动制度,是协商类电视问政节目的显著特征。

4. 协商与监督的融合

作为"公器",媒体承载着社会各界的期待。搭建公共平台,营造理性的城市气质,这是媒体自身所应承载的功能。舆论监督不是媒体参与社会管理的唯一方式。对于媒体来说,舆论监督毫无疑问是推动社会进步的一个重要渠道。但是这种"你做错了我再说"的参与方式,在社会管理过程中显然存在两大弊端:一是成本高;二是矛盾冲突大,情感冲撞厉害。协商类电视问政变硬监督为软监督,变"事后监督"为"事前吹风,事中公开,事后处理",对于热点问题、重要决策可能出现的问题,在交流和讨论中得到了充分的发现,避免了一些不合理的做法的出现。

在及时、准确发现问题的前提下,用协商类问政把舆论监督引向更深、更广的领域,用"曝光"来更多地落实群众的监督权、知情权,用推动"协商"来落实群众的参与权和表达权,进而改进舆论监督手段,履行媒体社会职责。在协商民主的视野下,媒体应该、也完全可以承担起重要的任务。通过渠道拓展,媒体应在"维护政治权力的合法性""塑造政治文化""参与政治决策"等方面找到自己合适的位置,发挥好桥梁与纽带作用。作为社会舆论的重要聚集地,媒体价值不仅在于发现了什么,还在于促成更多、更广泛的社会共识。

第三章　协商类电视问政节目的主要栏目

第一节　《我们圆桌会》:沟通改变生活,对话推动进步

没有充分的表达就没有丰富的创新。在传统体制下,社会沟通方式简单,渠道单一,参与度低,导致城市管理创新度不足。如何在复杂的舆论环境中打通"官方"与"民间"两个"舆论场",是主流媒体的必答题。《我们圆桌会》以"对话"为表现形式,以"圆桌"为表现特征,以"面对面"沟通为表现方式,组织对话协商,促进社会沟通,弘扬公共理性,凝聚社会共识。栏目用新闻语言记录并推动城市治理的点滴进步,由此成为促进民主、推动科学发展的重要渠道,成为汇聚民智、加强沟通、促进发展、促进和谐的重要平台。

一、栏目概况

《我们圆桌会》由杭州市委办公厅、杭州市政府办公厅、杭州市委宣传部、杭州市发展研究中心、杭州文广集团、杭报集团联合主办,周一至周五晚上 8:00—8:30(后改为周六和周日晚 21:00—21:30)在杭州电视台综合频道播出。主办方旨在通过常态化运作,实现多方互动、各界交流、相互沟通、彼此理解。

栏目创办的初衷是"推动参与、促进理解",把"背后的抱怨"改变为"台前的建言",以此满足转型期社会需求。2010 年 12 月,时任杭州市委书记黄坤明批示创办该栏目。截至 2016 年 12 月,栏目共播出 895 期节目,涉及 625 个城市公共话题(一些话题往往在节目中持续讨论 2～3 期,每期 40 分钟)。共有 8000 多人次参与了圆桌讨论,其中市级领导 9 人次。栏目累

计收集整理意见和建议近 4000 条,被有关部门采纳 800 多条,形成政策意见 200 多份。

杭州电视台《我们圆桌会》录制现场

二、栏目定位

作为基层协商民主的创新形式之一,《我们圆桌会》是融杭州电视台综合频道"播出平台"、微信公众号以及杭州网 BBS 等"交流平台"、职能部门联动的"治理平台"于一体的重要沟通载体。

作为"交流平台",《我们圆桌会》秉持"对话与沟通"的理念,不猎奇、不跟风、不忘初心,逐渐搭建一个经常性、制度化的平台。在这个互动平台上,没有"两军对垒",更没有"火药味"。参与者围绕公共话题,平等交流,对话协商,探讨解决办法,体现了"我们"的共同社会责任。在这个平台上,"我们"代表了城市共同体与利益共同体,共同负有解决公共问题的责任;"圆桌"代表了平等的人格与平等的话语权,"会"代表了面对面沟通协商。

从单纯制作播出节目到构建互动交流平台,打造公众参与和表达意见的新空间,《我们圆桌会》实现了媒体传播方式的创新。目前《我们圆桌会》每周固定组织两次对话活动,每期节目都有党政官员、专家学者与普通市民参加。无论是节目内容、制作手法,还是表现方式,《我们圆桌会》都体现了鲜明的时代性。

1. 话题选择

在话题选择上,栏目突出公共性,注重涉及公共利益和社会群体利益的话题,寻找政府议程、媒体议程与公众议程的有机结合。注重从群众关心的"热点"、政府工作的"重点"、媒体热议的"焦点"、社会治理的"难点"、公众认识中的"疑点"中寻找话题。2016 年,针对 G20 杭州峰会筹备过程中出现的各种问题,《我们圆桌会》先后组织了 14 次现场讨论。其中包括"城市标识标牌规范""城市家具修整""公众舆情引导"等内容,均引发高度关注。节目内容涉及城市绿化、安居保障、交通管理、创业就业、公共服务等民生话题,包括防台救灾、文化传承、社区建设、城市治理和创新发展等各公共领域。节目注重话题贴近性,贴近现实、贴近生活、贴近民意,寻找居民生活与经济社会发展的有机结合。话题讨论注重回应性,体现政府部门对群众意见与社会诉求的积极回应。

2. 制作手法

在制作手法上,话题切口由小见大,由浅入深,从民生小话题引出宏观大视野。在《湖滨降噪"拉锯战"如何终结?》等节目中,均以人文的视角探讨经济社会问题,讨论切中社会脉搏,触及社会心态,相应问题最终通过协商的方式得以解决。

3. 表现方式

在表现方式上,栏目以"演播室群言式谈话"为基本表现形式。在节目中,主持人与不同身份背景的嘉宾在圆桌上交流讨论,同时穿插场外采访、背景资料回顾、电话热线、网络观察员、信息小灵通播报、调查发布等多种环节,增强谈话的多面性、丰富性与深刻性。

三、运作方式

在理性、互动的基础上,栏目以生活的心态和平常的视角切入,就社会关注的热点难点问题进行建设性的交流讨论,观点犀利而不矫情。栏目采用有别于传统的媒体运行方式,既关注诉求、反映民意,又疏导情绪、凝聚民心,实现对社会治理的深度参与。具体运作方式包括以下 4 个方面。

1. 党政主导

在社会对话平台的构建中，党政主导既是贯彻、落实党委、政府的重大决策的需要，也是培养各级干部善于听取民意、了解民情、汇集民智的需要。党政部门的参与，一方面可以对有关政策、法规、举措进行解读，推进党务、政务公开；另一方面党政部门可在政策调研、发布和执行等不同阶段都能直接听取社会各方面的意见建议，推进决策的民主化、科学化，推动相关工作开展。

2010 年杭州市委发文成立"杭州市民主民生媒体互动平台建设工作领导小组"，市委副书记任组长。领导小组在市委办公厅下设办公室，负责领导小组日常工作，具体协调栏目工作的开展。参与栏目的有关专家、城区和部门负责人等均由杭州市民主民生媒体互动平台建设工作领导小组办公室出具邀请函。这一工作方式，不仅保证了节目的运行，而且权威、高效。在日常节目中，每一期均有相关职能部门到场。节目仅仅开播 4 个月，就有 19 位局级以上领导先后走进演播室，其中市交通局和市质监局等主要领导更是主动联系，多次参与节目，直面交通拥堵、出租车难打、食品安全监管难等话题。

2014 年 12 月 20 日，时任杭州市长张鸿铭带领市考评办、人民建议征集办等十多个单位一把手走进《我们圆桌会》演播室，就杭州市 2014 年民生 10 件实事的实施成效倾听市民意见。

根据节目流程安排，对于专家和市民等反响热烈的话题，栏目还会及时整理汇总，由杭州市发展研究中心梳理后，报送市委市政府领导。2011年 1 月，"缓解交通难"系列节目播出后，栏目汇总梳理了《我们圆桌会形成"缓解我市交通拥堵 36 计"》上报市委市政府，得到时任浙江省委常委、杭州市委书记黄坤明批示肯定。节目提出的诸多治堵之策，引起了相关部门的高度重视。

2. 专家解读

专家学者作为一个思考的群体，代表着社会良知，体现着思考的力量。专家学者的参与使交流讨论更具指导性、权威性。《我们圆桌会》依托杭州市决策咨询委员会、杭州市委政策研究室、杭州市发展研究中心以及杭州发展研究会的专家网络，建立了由 13 人组成的浙江省内一流的专家顾问组，定期召开会议，策划栏目话题，评议节目得失，为栏目提供智力支撑。

栏目开播以来,先后有来自浙江大学、浙江省社会科学院以及中国社会科学院、北京大学、复旦大学等高校、科研机构的大批知名专家学者参与录制。

3.媒体运作

对于利益主体多元、矛盾高发的城市来说,媒体运作为社会各界讨论公共问题提供了公开的交流沟通平台,扩大了传播效应,提高了传播效果。依托媒体平台,构建"我们"共同体是弥合社会裂痕、化解矛盾和戾气、消除对立、凝聚共识的有效做法。在这个平台上,不再是单向的"我指责你""我管理你""我投诉你""我批评你",而是各方围绕民生热点话题,平等协商,交流对话,寻找解决问题的办法。"我们"因此成为共同体,共担社会责任,共建美好家园,共享发展成果。

4.公众参与

市民群体和不同利益群体代表借助社会互动平台,就关注的热点提出问题表达民生诉求,拓展了各界人群沟通和利益表达的渠道,为政府和社会建立及时、有效的良性互动关系奠定了基础。《我们圆桌会》节目中设置"网络观察员"环节,即时播报网民对于话题的议论;在选题环节,栏目还与杭州网"杭网议事厅"合作开通选题征集专栏,向广大市民征集选题。为了让更多的市民参与节目,2013年3月栏目组对演播室进行了改造升级,嘉宾位置由6个增加到12个,以提高市民的参与比例。《我们圆桌会》还开展进社区、进企业、进乡村等活动,就相关话题进行现场录制,让更多的市民参与公共话题的讨论。市民(网民)提供的好意见、好点子,还被纳入杭州市"人民好建议"征集范围,以有效的渠道、有序的方式极大提高了人民群众参与公共事务的热情。

四、社会影响

《我们圆桌会》通过面对面的互动交流,在城市治理中发挥了重要作用。一是汇聚了民智。通过节目讨论和互动,汇集专家、部门、行业企业和市民关于城市规划、城市建设、城市管理、城市发展等方面的意见建议。二是加强了沟通。以"我们"主动关联的方式,促进社会各界共同参与、交流沟通、彼此理解、形成共识。三是推动了发展。通过联动相关职能部门,栏目建立健全意见建议的分析采纳机制,推进党务政务公开和透明,推动城市发展。四是促进了和谐。坚持正确的舆论导向,以生活的心态和平常的视角为切入点,就社会关注问题进行建设性的交流讨论,关注诉求,反映民意,疏导情绪,引导民情,凝聚民心,促进社会和谐。五是提升了素质。通过深入浅出的剖析和多方交流互动,阐释经济社会发展的宏观背景和全局情况,解读有关政策举措,传播生活知识,提升市民理性参与社会协商的能力。

《我们圆桌会》推动城市治理的做法引起了广泛关注。2011 年 6 月 15 日,《人民日报》刊文《杭州:建出来的"幸福城市"》,报道杭州创新社会管理工作经验,其中《我们圆桌会》被列入主要典型之一。此后,栏目还相继获得"中国电视掌声奖"(2012 年)、"第三届浙江省公共管理创新案例十佳创新奖"(2015 年)、浙江新闻名专栏(2015 年)。中共杭州市委十一届八次全体(扩大)会议通过的《中共杭州市委关于全面深化法治杭州建设的若干意见》中明确,要深化"我们圆桌会"等基层协商民主形式,推动基层协商民主建设。2017 年 2 月,中共中央办公厅法治局派员专门到栏目组调研,了解栏目在促进基层协商民主方面的做法。

学界对栏目也给予了关注。北京大学、复旦大学等先后派调研组来考察这一创新实践。复旦大学调研组在《从治理制度的建构到治理理念的塑造——我们圆桌会》一文中认为:"《我们圆桌会》体现了'桌面上的平等沟通'与'桌面下的有效治理'两个层面的复合,是在形式和内容上对协商民主有意义的尝试。"

案 例

湖滨降噪"拉锯战"如何终结?

播出时间:2015 年 10 月 25 日

录制地点:杭州西湖湖滨景区柳浪闻莺公园草坪内

主持人:张平

党政官员:杭州市园文局湖滨管理处张海印,柳浪闻莺派出所所长孙

师，杭州市环保局总工程师叶旭红

公共管理专家：浙江大学社会科学研究院院长、教授余逊达

热心市民：湖滨公园文艺社团代表、热心市民

特约评论员：新闻评论员朱成方、律师毛爱东

内容概要

一直以来，杭州市区湖滨公园里都十分热闹，市民、游客们喜欢在公园内唱戏唱歌、自娱自乐。但是，由于动静太大，周边的居民、商户有些受不了。为了提升景区的品质，2015 年国庆节前，湖滨管理处着手解决湖滨公园的噪音问题，推出"降噪令"：严禁携带大功率高音喇叭和话筒等扩音设备进入，其他设备音量必须控制在 70 分贝以下。可是这一做法却不被理解，一度引发冲突。针对这一问题，《我们圆桌会》邀请组织娱乐活动的居民社团负责人、专家、市民、管理部门齐聚西湖边展开了一场对话。起先不少活动者还有不同意见，但经过多方交流最终达成了共识：要树立公共空间意识，提高自身文明程度，主动控制活动音量，降低噪音。

节目播出 20 天后，在社团代表、热心市民和栏目的参与下，湖滨管理处出台了新的《湖滨景区文明娱乐公约》，聘请了文明娱乐监督员，最终形成了自我监督、相互监督和景区日常管理相结合的社会共管模式。

现场片段

【社团成员蔡根法】请问噪音的定义是什么，谁能给我解答？

【专家余逊达】法律上是这么讲的，干扰了他人的声音就是噪音。这是一个比较宽泛的定义。

【社团成员蔡根法】音乐不是噪音，所以说这里的降噪是"无的放矢"，或者说是"子虚乌有"！你网上去搜索，噪音的定义是这样说的：从物理定义上而言，振幅和频率完全没有规律的振荡之声属于噪音。从环保的角度上，人们所不需要的声音叫作噪音。但歌声是人们需要的，我认为不是噪音。

【主持人张平】好，这是大伯对噪音的理解。

【律师毛爱东】大伯，我就举一个例子。比方说我们的邻居，他晚上八点钟、九点钟放很大（音量）的歌曲，那这叫不叫噪音？那也是在唱歌。所

以说对于噪音,我们要合理地去理解。

【社团成员蔡根法】但是我和你说,我们说对于超过一定音量的歌曲,是要控制它的音量,并不是控制噪音。我是这样理解的。

【主持人张平】好的。

【社团成员黄建英】我姓黄,叫黄建英。铁杆歌迷。我是癌症病人,我曾经的中医医生叫我多去高兴的地方、开心的地方,以延续我的生命。这个高兴、开心比吃中药还要好。所以我每天到西湖边,真的这个比吃中药的效果还要好。

【社团成员江群鸾】我是滨江的,以前我们年轻的时候那么苦,那么辛苦。说一下十多年前我自己家里的事情。我老头子瘫痪在床上十年,我媳妇娶进来两年就去世,留下一个小孙子。那个时候我最苦闷,那是我一生之中最苦恼的时候。所以在那个时候我开始学唱戏。现在我就是社区里面带队的,带了一批老年人。以我的亲身体会,越剧对我来说,是一种非常好的仙药,是我治病的一种(方式)。

【主持人张平】您就离不开它了是吧?

【社团成员江群鸾】现在我离不开它。

【律师毛爱东】我再说一句啊,首先今天我也好,我们在座的也好,没有任何人要剥夺你们享受生活的权利。但是我们今天要找一个平衡点,所以说我们今天不是来吵架的,我们今天来是找办法,我希望大家能够理解。好不好?

【社团成员毛培青】我再来插一句,刚才他们讲了噪音问题,噪音在西湖边这个问题上,根据自己的(感觉)来辨别它。这个声音很美,哎呀,我就进来了。这个声音不美了,我不想听了我就走开了。

【主持人张平】就是说,你们在那边唱歌跳舞发出声音,另外的人他可以选择,他要听来听,他不要听走,你觉得你们不会影响到别人的。好的,田大姐。

【民情观察员田思宁】我不反对唱歌跳舞。这里有很多同志都说不是噪音,我认为你各种各样的声音混在一起,毫无疑问,它一定是噪音,影响了周围的大家的生活。更何况还有各种各样的高音喇叭。

【民情观察员顾雅娟】在湖滨这一代,特别是从一公园到六公园,或者是步行街这一带,我认为是不应该有这么大的噪音,在那里相互干扰。因为我们现在就可以看到,西湖碧波荡漾,柳絮轻轻地在摇曳,那么在这样一个美好的景色下,我们的音乐此起彼伏,而且让行人听了头脑都发胀,我想这不是一种美。

【热心市民黄锦】我实在坐不住了,因为我觉得现在的社会叫人品社会,是一个公德,一个道德的问题,还有一个就是公共社会秩序,如何自觉地把这个环境共同维护好的问题。所以说这些年纪大的,唱歌跳舞都爱好,这肯定很好,就是说也是一种好事情,也不是不好对不对?但你说的话,跟健康挂上钩,我是搞营养健康的,我觉得这个健康来讲的话,你说长时间在噪音里面的话,对你的耳膜、心脏并不是很好。我也不多讲了,我觉得这个问题是一个自觉、自律的问题。

【热心市民孙新宝】作为民情观察员、市民代表,刚才听了这个领导,你旁边坐的那位领导,余教授,你讲的好,影响他人生活的就是噪音,很好,真的。我(周围)的居民群众都有这个反映。

【热心市民夏渝生】我是住在西湖边上的,现在降噪这个活动一开始,我们都感到非常舒服。以前要么这边吵,要么这边吵。有的时候(音乐)真的响得很说不过去,噪音是太大了,耳朵也不知道成什么东西了,你放你的,我放我的,乱七八糟。到西湖边就是呜哇呜哇的声音。

【主持人张平】我先来问一下,我们杭州市环保局总工程师。从咱们环保的角度来定义的话,就是在公共空间里面,噪音的定义是什么?

【环保局叶旭红】从环保这个角度来讲,你不需要的声音就是噪音。就是对我们个体来说,就是我不喜欢的,可能就是噪音。从这个噪声管理角度来讲的话,我们是根据不同的功能区来划定噪声的功能区。比如我们划成0类、1类、2类、3类、4类。像西湖边周围这一圈是旅游区,我们划的是1类区。1类区就是白天标准是55分贝,夜间45分贝。从现在情况看,实际上这个标准是远远达不到的。就是我们昨天也测了,有人在唱歌跳舞的这些区块,都是在七八十分贝。

【主持人张平】如果噪音长期对人有影响的话,它会带来什么样的一个后果呢?

【环保局叶旭红】比如说,我们长期在七八十分贝的环境下生活,对听力是肯定会有影响的。在纺织厂工作的人都会有职业病,严重的是失聪,耳朵听不到了。你讲话要凑到他旁边很响的讲话,他才能够听得清楚。

杭州电视台《我们圆桌会》录制现场

【社团成员毛大松】我是搞过医疗的,骨伤科。长期的噪音,增加了人耳鼓膜的振荡,咚咚咚长期的振荡,耳鼓膜就会增厚,耳鼓膜增厚了以后,里面积水排不出来,譬如说耳屎什么不断产生,慢慢就会变成重听,到最后听不出声音。

【主持人张平】好的,我们谈到现在,首先我知道你们的心情了,基本上大家都表述了。(音乐)是你们的生活方式了,你们已经离不开它了,你们如果离开它一天就会难受,是不是?离开它两天身体就会不好了,是不是?现在问题是,我们有一些市民认为,你放的音乐不是你们所想的那么美,因为声音高了他们觉得也不合适,所以咱们请教一下教授,为什么在这么一个公共的空间里,在这么一个开阔的地方,这个问题,它就成了问题?

【专家余逊达】第一,从公共管理来讲,法律在这里是一个灰色地带,没有针对娱乐性的噪音做出具体的法律规定。但是要注意了,法律原则是明确的。就是任何人、任何组织,都有义务去维护环境,同时也都有权利去消除噪音。严格地说,法律只是保障了一个底线。而我们杭州市追求的,不是法律的底线,是追求一个比较高的文明。文明在我们这个社会生活里的核心是我们要追求和谐。但是到底怎么来实现和谐呢,确实不同的人有不同的想法。即使从保护唱歌者权益的角度来说,噪音也要降下来。因为同时会有好几组人,在同一个场所唱。所以降噪音其实也是保护大家更好地享受生活。第二，我们居民自己还没有这样的习惯，不习惯在法律、在文明视角下来组织、来规范我们的活动。养成这个习惯，我们要有一个过程。最后，我认为呢，是我们的管理部门也没有经验。刚才你们讲到了，警察两个、四个、六个这样派过来，我认为他也没有管理经验，因为执法跟人数没有什么关联性。当然我们还缺一些其他的东西，特别是经过协商以后的一些管理规则，这个我认为是今天这个会议重点要讨论的内容。大家深入讨论一下，既保护好唱歌人的权益，同时保护好其他人的权益，体现好我们杭州市在文明治理当中能够达到的高度。

第二节 《政情民意中间站》：政府与百姓沟通的桥梁

一、栏目概况

《政情民意中间站》是温州市政协和温州广电传媒集团联合创办的时政类大型开放式谈话栏目，也是温州市政协的一项重要创新举措。

栏目于2002年6月28日开播，以"演播室群言式谈话"为基本表现形式，每周关注一个公共话题。节目中，主持人与政协委员、政府部门领导、专家和市民代表一起研讨政情、表达民意、针砭时弊、发表见解。[①] 节目每周日晚9点在温州电视台公共民生频道播出，每期时长为40分钟。其宗旨是："架起沟通桥梁，促进矛盾化解。畅通政情民意，构建和谐温州"。

截至2017年8月，《政情民意中间站》栏目已经累计播出近800期节目。据不完全统计，近10年来，受邀走进《政情民意中间站》栏目的市领导（温州为地级市）达70多人次，县处级以上干部达到600多人次，几乎每期节目都有一位政府部门的领导，就经济社会发展和百姓关注的热点、焦点问题，与委员及市民代表进行交流和沟通。

二、栏目定位

"一个主持人、三四个嘉宾、五六十位现场观众，对与老百姓密切相关

---

① 《温州政协"政情民意中间站"：众口议焦点　可敬净言人》，《人民政协报》，2010年8月4日。

温州电视台《政情民意中间站》录制现场

的政府工作评头论足。"《政情民意中间站》的节目形态与监督类电视问政似乎没有什么两样,但是在制作理念和表现手法上却截然不同。协商沟通,成为栏目运作的关键。

《政情民意中间站》一方面积极助推当地经济社会发展,围绕温州市委市政府的中心工作,通过交流,努力形成共谋发展的良好氛围;另一方面,节目高度关注并积极协助解决民生问题,推动热点、难点民生问题的解决。栏目注重在整体性和全局性上下功夫,追求节目的厚重感,体现出一定的思想深度。

在内容上,盯热点,找难点。栏目结合党政中心工作,跟进市政协专项调研,策划推出"最多跑一次"改革监督类访谈、"五水共治"系列话题、党政一把手"五化战略"大型在线对话、传统村落保护与民宿经济发展选题、"大拆大整、大建大美"大讨论等主题节目。

在形式上,搭建新的沟通平台,拓展栏目观众覆盖面。2007 年 5 月,《温州都市报》加盟,推出"政情民意中间站"报纸版专栏。2011 年 2 月,《政情民意中间站》官方微博开通,使栏目更能贴近实际、贴近生活、贴近群众。此外,节目中还引入辩论的元素,活跃民主协商的气氛。

在舆论引导与时效性方面,栏目突破大型访谈操作周期长的困局,第一时间跟进亲历 2015 年尼泊尔 8.1 级强震的温州市民的救援与平安返航情况,搭建地方与世界的纽带,彰显国家实力。在突发事件第一时间,正向引导社会舆论。例如对于社会关注的"火锅店热水浇头事件"、网约车新政等多个热点话题,不追逐噱头、爆点,邀请各方嘉宾客观探讨、多角度分析新闻事件与人物,为热点的正向引导发挥了积极作用。

在关注弱势群体、倾听百姓声音、促进社会和谐方面,栏目连续多次开展"走基层听民意"活动。走进各大社区与县(市、区)基层企事业单位,围绕社区医院、菜价问题及县(市、区)实体经济发展等问题构建话题。其中2015 年至 2017 年,持续关注失智老人群体,多次联合市政协委员、公安、民政、医卫系统开展调查报道、访谈交流,了解该群体的实际需求,连续两年策划两期话题,主动参与策划关爱失智老人的"安心行动"。通过各方的共同努力,"安心行动"连续两年成为温州市十大民生实事项目,为失智老人发放 15000 余件走失定位"安心手环",免去数万家庭的后顾之忧,获得各界的好评。

三、运作方式

《政情民意中间站》栏目由温州市政协负责把握节目方向、策划主要话题以及节目终审,温州广电传媒集团负责具体操作。

为了保证现场协商交流的质量,《政情民意中间站》栏目实行专家智囊团全程策划,注重听取社会各界的意见,充分尊重群众的话语表达权。[①]其主要有以下做法。

1. 政协主办

作为温州市政协的履职创新举措,《政情民意中间站》开展多种形式监督相结合的积极实践,推进地方民主政治建设。2002 年 6 月,在《政情民意中间站》第一期节目中,时任温州市政协主席蒋云峰说:"开播这个中间站,主要意图是反映社情民意,加强沟通,只有加强沟通了,增进了解了,相互之间才会理解,理解了才会支持《政情民意中间站》。"此后,办好《政情民意中间站》被列为历届温州市政协的一项重要任务。2010 年 7 月,时任市

---

① 《温州政协"政情民意中间站":众口议焦点 可敬诤言人》,《人民政协报》,2010 年 8 月4 日。

政协主席包哲东在接受媒体采访时说:"我们希望通过政协'桥梁'的作用,通过反映社情民意,也通过政府部门的同志到'中间站'来讲政策、讲决策意图,使群众更了解政府工作,这是真正意义上的上情下达和下情上传的过程。同时,也开辟了地方政协民主监督新途径,拓展了政协履行职能的渠道,营造了地方的民主氛围,也进一步扩大了政协影响。"从 2014 年开始,在每年的温州市"两会"期间,《政情民意中间站》栏目均邀请政协委员客串节目主持人,推出"委员说两会"微访谈、策划热点话题交流等。

2.党政主导

在总结栏目经验时,栏目创办者之一、原温州有线电视台副台长信欣认为:"是公众的需求和市委市政府的支持与开明,给《政情民意中间站》的诞生和成长创造了优良的环境。"2002 年 10 月 25 日,时任温州市市长钱兴中带领十多位政府部门负责人走进《政情民意中间站》,与政协委员及各界市民代表直接对话。这是当地第一次将市政府的政情交流会搬进电视台演播室。

2003 年 5 月,时任温州市委书记李强在接受媒体记者采访时说:"《政情民意中间站》这个平台搭建以后,我们就请我们市里有关部门的领导到现场去,把他们这一段时间来的想法,或者群众最关心的热点问题,利用这个平台,借用这个机会,跟大家沟通,面对面地沟通,非常真实,也非常实在。他们没有办法回避很尖锐的矛盾,很重要的就是对工作是个监督作用。我感到政协和电视台办了一件很好的大好事。"2009 年 12 月,时任温州市市长赵一德在参加《政情民意中间站》时对节目的方式和内容予以肯定:"我经常看这个节目,很务实,很有针对性,而且也有很高的知名度。"

3.专家参与

栏目注重专家和学者的参与。一方面成立专家顾问组,从总体上对栏目进行策划,提供智力支持。2002 年,节目开播不久,温州市政协充分发挥智力密集的优势,为栏目组聘请了一支汇聚了温州各行业专家和资深人士的节目策划顾问组,让栏目从运作之初就有了不同于其他电视栏目的观察视野和思考深度。另一方面,栏目在日常运行中,注重邀请不同领域的专家学者参与节目讨论。栏目开播以来,先后邀请了国务院新闻办原主任赵启正、外交部政策研究室原主任路伯源、国际货币基金组织秘书长林建海博士参与节目录制。

4.多渠道传播

《政情民意中间站》以电视栏目的形式为政府和百姓提供了一个沟通与商议的平台,政府通过平台使得政策更好地实施,百姓通过此平台更好地表达了利益诉求。2007年5月,《温州都市报》加盟,合力打造这一品牌,推出《温州都市报》的"政情民意中间站"专栏。2013年栏目组与温州网合作推出网络视频展播,打造栏目的全媒体平台。2016年,随着融媒体创新的推进,栏目推出"微信演播室"概念,在节目里开设"微信演播室",录制过程中实时视频呈现,拓宽了观众参与互动交流的时空面,让民众享有更多的话语表达权。①

5.群众支持

公民作为社会主体对社会治理的积极参与,既是国家善治的必要前提,也是公民意识的应有之义。《政情民意中间站》有着深厚的群众基础。创办之初,栏目往往需要花费大量精力组织观众前往演播室参与节目。这一状况很快得以改观,节目选题公布后,总会有一大批市民通过网络和电话踊跃报名参加。当地老百姓越来越喜欢通过这个民意沟通平台发表政见、表达诉求。节目开办10多年来,参与节目录制的嘉宾和市民共近5万人次。《政情民意中间站》进一步扩大了公民有序的政治参与,促使普通市民中那些"沉默的大多数"转变为"积极参与国家和地方社会事务治理的大多数"。

6.协商成果共享

《政情民意中间站》节目内容与温州市政协《社情民意》专报互相转化,促进协商成果更好地转化、共享。2013年前后,对于由甬台温高速三都岭隧道拥堵、温州公共自行车管理问题、天然气灶具改造乱象等多个新闻热点引发的民生话题,栏目第一时间介入,跟踪调查,深度报道,多方交流探讨,并将交流内容形成社情民意信息,获得市委市政府主要领导的关注和批示。而对于百姓关注的民生问题如温州动车南站黄牛黑车整治、温州市区牛山片区安置房建设、单独两孩办证难等老百姓关注的热点、难点,栏目

---

① 《温州政协:政情民意中间站开播十五周年》,《联谊报》,2017年7月24日。

连续多年跟踪,持续监督回访,推动职能部门对民生问题的解决与落实巩固。

较为典型案例是《臭气扰民何时了》(2008 年 10 月 19 日播出,总第283 期)。温州市新田园小区是新建的大型生活住宅区,环境优美。但自2008 年夏天起,小区的居民被不知从何而来的臭气所困扰,虽多次反映起,但终因受理部门一直找不出臭源而不了了之。接到住户投诉后,政协委员、栏目记者立即联系有关部门,数次到实地调查测试,终于查清了臭源,之后包括环保专家在内的多方人士作为嘉宾,在演播室直面问题,寻找良方。

该节目于 2008 年 8 月录制,为了给政府部门整治工作赢得时间,节目延迟两个月播出。2008 年 10 月 14 日,温州市领导召集相关部门负责人现场协调,实地部署解决臭气扰民问题的方案。除落实缓解臭气的临时性方案外,还要求责任单位保证在 2009 年 7 月底前,完成杨府山垃圾填埋场的整形、覆膜、覆土、粗犷绿化的目标要求,使垃圾山的臭气得到根本性控制。节目播出后,时任温州市长赵一德携相关部门负责人多次到实地听取市民意见,召开专题会议,承诺加快改造治理,还小区居民洁净的生活环境。一年以后(2010 年 8 月),栏目组回访新田园小区,发现扰民的臭气已得到了控制。

四、社会影响

开播以来,温州党政部门越来越习惯通过《政情民意中间站》栏目来发布政情、与群众进行对话沟通并接受监督,从而有效地推进了地方政府公共管理理念的更新。温州老百姓越来越喜欢通过《政情民意中间站》栏目发表政见和诉说心里话,从而进一步扩大公民有序政治参与。温州政协委员越来越善于通过《政情民意中间站》栏目履职,从而更好地发挥为党政分忧、为群众解难的角色作用。

2007 年 6 月,《政情民意中间站》栏目被评为第三届浙江新闻名专栏;2008 年被评为温州市首届十佳栏目;2010 年栏目在地方民主建设中的创新实践,被全国政协机关报《人民政协报》树为典型。该报以《众口议焦点可敬诤言人》为题在头版头条进行报道;2012 年,栏目荣获浙江省政协工作创新案例一等奖;2013 年,被中国电视艺术家协会评为"全国电视十大名专栏";2016 年,《中国政协》杂志发表题为《电视时政类谈话节目与人民政协的协商民主机制》的理论文章,肯定栏目在推进人民政治协商民主发展方面的成绩。

原中国广播电视协会副会长张振华撰文认为:"政协与电视联手开办《政情民意中间站》这样的栏目,反映民情民意,实行民主监督、舆论监督,参与社会公共管理,恰恰是彼此借力,形成合力,释放各自功能,推动社会化解矛盾、和谐发展的一种创造。"①

案 例

关注"四小车"整治
(总第 396 期)

播出时间:2011 年 5 月 22 日晚

录制地点:温州广播电视总台大演播厅

主持人:翁逻沿

党政官员:温州市交警支队副政委屠明申

政协委员:温州市政协委员虞友义、温州市政协委员吴奇红

其他市民:残联代表、相关企业、普通市民约 40 人

内容概要

2011 年上半年,温州市开展四小车(指机动三轮车、残疾人专用轮椅车、摩托车、人力客运三轮车)整治备受市民关注。这些车辆的交通运输效率比较低,整体外观形象比较差,安全系数比较低,容易引发交通事故,很多城市已经被取缔、淘汰或者禁止的。但是在温州其却受到市民欢迎。对于整治行动有人举双手赞成,有人也存在一些担心和疑惑,怕取缔这些车辆后生活不方便。节目现场,温州市交警支队与市民、政协委员一起进行

---

① 张振华:《政协牵手媒体,创造社会管理新方式——评〈政情民意中间站〉》。

了交流。

现场片段

【饮用水协会代表】我们全市有200多家饮用水企业,到了夏季高峰,在全市范围每天有10万桶矿泉水的供水量。我们支持市政府整治四小车的行动,但是我们也希望政府部门给我们这些企业指一条路,用什么送水工具来解决市民用水的问题。

【温州市交警支队副政委屠明申】刚才那位饮用水协会的同志提出的电动三轮车取缔了以后,可能对类似于送水的、送煤气的,还有邮递等行业产生影响。我们认为他提的问题是有道理的,这些水、煤气也是民生工程,跟我们每个人的生活也是息息相关的,下一步我们也会很好地研究,并且要参照学习其他地方的解决方法。另外,我希望贵协会也可以提出一些建议或者要求,这样到时候我们可以有针对性地进行研究,切实解决好这个问题。

【主持人翁逻沿】就看看其他的一些已经实行四小车整治的城市,它们对于这类问题是怎么处理的。我相信这些问题,应该不是温州一个地方碰到的。我想问下虞委员,你对于刚才这个问题怎么看?

【温州市政协委员虞友义】这个问题是比较有代表性的,是这次整治过程中产生的众多矛盾之一。我给他们的建议是:第一,要把自己的行业门槛提高,打造大品牌,200多个企业的数量肯定是太多,你们应该要联合起来,组建比较大的一两个品牌。第二,要有站点,不能够是一家一户的去送。第三,要有个时间界限,你原来的非法的电动小三轮一定是不可以用的,肯定要取缔,但是你要上去,用面包车,用皮卡车,打个比方说用小四轮,假如用这个东西,在一定的时间内,希望跟交警协调不在高峰的状况下,允许你们在某一个定点定位。这样既解决了这个实际的问题,又能够配合我们这次四小车的整治,达到双方的共赢。不光是这个行业,还有别的,如快递、送煤气等,类似于这样的,一定要研究制定出一个政策。

第三节 《民声》：关注民情，尊重民意，倾听民声

一、栏目概况

《民声》于 2013 年 6 月 15 日开播，是南京电视台创办的"全媒体大型新闻互动访谈节目"，每周六晚 21：00 在新闻综合频道播出。

《民声》每期参加的嘉宾约 60 人。其中主嘉宾一位，一般为参与对话的局级官员；民声代表 3 到 5 位，由媒体记者、专家学者、法律工作者等组成。此外，还有新闻当事人若干位、市民代表 40 位左右。截至 2017 年 8 月，《民声》栏目累计播出 200 多期节目。

南京电视台《民声》录制现场

二、栏目定位

《民声》栏目致力于在公仆与公众之间搭建平等对话的桥梁，共同探讨社会管理难题的解决之道。栏目的宣传语较好地概况了这一定位："关注民情，尊重民意，倾听民声。"

《民声》栏目的定位还体现在对所讨论话题的筛选中。其选题主要

有三类。一是城市重大决策及民生事项。2016 年栏目组策划制作了《聚焦民生实事》系列报道。全市 8 个民生部门的相关负责人走进演播室，和市民代表畅聊工作举措，为这些项目的实施打好民意基础。2016年年末，省、市党代会相继召开，《民声》节目策划制作了《贯彻党代会精神》特别节目，邀请全市 11 个区的主要负责人关注民情、倾听民声，与市民群众共同谋划未来五年的发展大计。二是重大基础设施工程。在一些重大项目开工前，栏目邀请政府部门与市民沟通，借助该平台充分听取民情民意的要求。比如《走近地铁 5 号线》这期节目邀请了市地铁指挥部、园林局、交管局、文物局、客管处等多个相关部门负责人走进演播室，在施工组织、园林绿化、交通管理、文物保护等多个方面与市民代表交流、交心。三是地方立法。2016 年南京市先后制订了《物业管理条例》《见义勇为办法》《未成年人保护条例》等地方性法律法规。在这些法律法规正式出台前，市人大都通过《民声》节目邀请社会各界人士各抒己见、表达观点。

三、运作方式

在有些电视问政节目中，被问政官员似乎成了"众矢之的"。其背后的潜台词是："只要你坐在那个位置上，你就肯定是有问题的，我就一定要问得你面红耳赤！"但是《民声》节目通过一些环节的设置，努力实现官民良性互动，真正为推动问题的解决提供双方互信的讨论氛围。

每期节目的选题都围绕市委市政府的中心工作，一方面策划设置热点民生话题，另一方面通过网络广泛征集群众热议的民生话题。围绕这些大家都很关注的话题，官员和市民代表能够在这一平台上进行真诚、平等的交流。

1. 舞台设置

栏目舞台设置一改过去访谈节目领导在主嘉宾区、市民代表在台下的"割裂"状态，而是以圆桌形式体现平等交流、多方沟通的理念。在这样一个舞台上，官员的身份既是领导，又是倾听者，他们没有"架子"，态度真诚，有的市民代表提问比较尖锐，他们也能冷静对待、耐心解答。

2. 环节设置

《民声》的环节设置包括两大块，即"一问到底"和"换位思考"。"一问到底"环节重在释疑解惑。问的都是老百姓想问的事、不解的事,有的问题恰恰涉及经济社会发展过程中回避不了的矛盾。各方参与者的话题冲突、性格冲突形成了"情节冲突"和"剧情高潮"。"换位思考"环节则是在 4 位民声代表中由现场观众根据在"一问到底"环节中民声代表的表现,投票选取其中的 1 位担任民意区长或局长,与相关负责人进行角色互换,坐在党政官员的位子上接受各种"考问"。在这一环节,区长或局长成了民意代表,他也会不断就一些民生难题问计于刚当选的"局长"或"区长"。这些问题都是这些一把手们在平常工作中感到棘手的问题。大家共同探讨解决民生难题的良策。

"换位思考"是《民声》最大的亮点,也是其区别于其他监督类电视问政栏目的设计。通过这一环节设计,来自基层的民声代表转换角色成为"民意局长""民意区长"。通过换位思考,"民意局长""民意区长"被一连串地考问后,也都感觉到了"做官难",很多问题并非局长、区长一己之力能够处理的,长期积累下来的矛盾与问题不是短期能解决的。他们感受到了肩上的责任与压力,体会到很多民生难题要靠大家一道协商、共同参与、相互理解、相互支持才能解决。

"换位思考"不仅促进了双方的理解,也增强了话题的均衡性,对讨论过程起到理性制衡作用,通过访谈、讨论,有关政府部门听到了百姓的呼声、心声,老百姓在了解到政府意图、作为的同时,也明白了某些工作的难处和矛盾,达到互相理解、共创共赢的效果。①

例如,南京市城管局局长在《民声》直播时就曾向"民意局长"提问,保洁员居住问题一直困扰着他。目前大量保洁员都租住在违章建筑中,随着拆违力度的加大,南京城区内将彻底消除违章建筑。保洁员如果到小区里租房住,以他们的收入根本付不起房租。这个问题该如何解决?一石激起千重浪,"民意局长"畅谈了自己的施政方略,提出了许多建议和设想。在场的民声代表和正在线上的网友纷纷发表自己的高见,有的质疑其可行性,有的指出其明显缺乏工作经验,有的干脆批评说这个临时局长仅有热情是不行的。大家经过热议,基本上都能达成共识。

---

① 唐宁:《提升电视新闻栏目融合传播效力的探索》,《中国广播电视学刊》,2015 年第 11 期。

通过这些环节的设置,节目呈现的内容已不再是单一的问政和监督,而是官民之间的密切互动。一方面是"有问有答",即热心市民提出问题,官员解答问题。另一方面是"互问互答",市民和官员共同探讨社会管理难题的解决之道,努力达成共识。

3. 主持人角色

《民声》主持人扮演的是穿针引线的角色,而不再作为提问的"主攻手",把更多的话语权让位于市民、网民。

在录制节目前,栏目组借助微博、微信平台,征集网民对本期话题的观点。编导根据网友的留言,设计台本。在录制节目过程中,录制现场全程网络直播,直播时间提前在新浪网、南京网络电视台上进行预告,鼓励网友围观吐槽。网友在围观直播的同时,也可以通过微博参与节目的录制,网友的微博直接呈现在演播大厅的巨屏上。主持人根据录制的进程,不时念出巨屏上的网友微博。同时,网友还可以和节目组联系,通过视频的方式,在场外与现场进行对话。在节目录制完成后,节目组迅速将录制花絮剪辑成1分钟左右的片段在网上进行二次传播,同时也为电视播出做预热。而节目最终在电视上播出时,为了鼓励电视观众参与进来,节目组有两位编辑分别在微博和微信上和观众进行互动。观众在收看节目时发来的微博和微信都会得到及时回复,同时,还被制作成拉滚字幕,迅速出现在电视荧幕上。也就是说,观众的吐槽也同步成为节目内容的一部分,受众收看同一个节目,可以同时分享不同的观点。

从2013年创办到2017年年底,《民声》微博粉丝关注人数从1万人增长到近10万人,南京各部委办局的主要负责人全部订阅了《民声》的微信。

四、社会影响

独特的栏目设计和定位在促进沟通上起到了重要作用。"《民声》开播一个多月后,局长、区长由原来的等待、观望、回避、躲避,到积极参加、主动参与策划节目。不少局长、区长在节目直录播前担心、抱怨,少数人还借机对市委书记、市长说,工作这么忙,电视台还来找事,录什么民声、民意。做完节目后,不少局长、区长到市主要领导那里说,许多事情市民有误解,没办法、无渠道沟通,电视台《民声》这档节目还真是帮了忙了,是个好平台、好渠道。"①一些官员来做节目前都有压力,甚至有抵触情绪,但是在录制完节目之后,表示不虚此行,促进了他们的工作。正因为如此,目前这些党政领导来录制节目,都是应栏目组的邀请而来,而非其他行政命令要求他们必须来。栏目组介绍说,"直录播结束时,民意代表、现场的观众代表常常围着区长、局长留手机号,建微信群,有说不完的建议和心里话。彼此开诚布公,交底交心,场面十分感人。"南京电视台副台长唐宁认为:"在《民声》这个平台上,党政官员有难题也找市民。党政官员既在这个平台上收获了民智,也借助这个平台,为推动有关工作争取了比较好的舆论氛围。"

栏目收视率一直在本地同时段新闻节目中位居前列。2015 年,《民声》栏目先后荣获第二十五届中国新闻奖一等奖新闻名专栏、中国广播影视大奖、国家新闻出版广电总局"2015 年度广播电视创新创优节目"。

案　例

城管:如何走出执法困境?

播出时间:2014 年 7 月 20 日

录制时间:2014 年 7 月 8 日上午 8 点 30 分

录制地点:1600 演播厅

主要内容:城管执法,城市治理

主持人:周学

主嘉宾:南京市城市管理综合行政执法总队政委赵桂飞

民声代表:《早安江苏》主持人周彬,江苏袁胜寒律师事务所主任律师袁胜寒,心理咨询师金璞华,南京林业大学老师方程

新闻当事人:秦淮区城市管理行政执法大队的队长助理叶家玮,原栖霞区城管局副局长陶京胜,南京空港枢纽经济区城管科王志勇,热心市民40 人

---

① 唐宁:《提升电视新闻栏目融合传播效力的探索》,《中国广播电视学刊》,2015 年第 11 期。

内容概要

城管执法所引发的社会矛盾冲突一直备受关注,当城管部门及其执法人员所付出的甚至包括生命在内的昂贵代价与市民的抱怨形成强烈对比时,《民声》特地邀请市城市管理综合行政执法总队政委赵桂飞走进演播室,畅谈在执法过程中面临的矛盾和困难。该节目播出时长为55分44秒,分为"一问到底"和"换位思考"两个环节。在"一问到底"环节,市民就城管工作中的具体问题与市城市管理综合行政执法总队负责人进行了交流。在"换位思考"环节,其中一位民声代表金璞华被现场观众推选为"民意政委",与部门负责人进行了角色互换,一起探讨城管工作中的难题。这种换位思考进一步拉近了官民之间的距离,促进了相互理解。

现场片段

【主持人周学】看了刚才的短片(《城管高考护考被指"作秀"》)。"我们也听到了不同的声音,我估计说到这儿,我们城管人心里边会感觉到不舒服的。会觉得委屈的,你看,我本来做的是一件好事,怎么就成了作秀了呢?"来,民意政委,你怎么看这个事?

【民声代表、"民意政委"金璞华】我觉得作秀没有什么不好,秀本身是个中性词,谁规定秀就一定不好呢? 那T型台模特,人家天天在走秀了,为什么长期存在下去啊? 她有什么不好的呢? 秀,它是一种标志,是大家焦点集中的地方。我想,以我们城管队员这样的行为模式,可以让大家看见我们城管队员的一颗为人民服务的心。所以,我觉得没有什么不好,这是第一点。

第二点,我们经常讲,如果说你能假积极一辈子,也就成了真积极一辈子,所以说水滴石穿,只要我们持之以恒地拿出一颗真诚的心,让老百姓看见我们是真心为他们服务,大家一定会感激的。所以我觉得这个"秀"秀得好,以后每年都要秀。

【南京市城市管理综合行政执法总队政委赵桂飞】刚才这个金老师,从专家的角度总结和讲得很好。其实呢,有很多同志们不知道的事,我今天在这里也做一个宣传。校园周边环境的整治是我们城市管理、行政执法的常年性的一个工作。城管护考,只是这整个工作当中的一个分支而已,不是我们刚才那位网友讲的,好像是在作秀。我们如果能够常年地作秀的话,我希望她也能够参与进来。

【主持人周学】赵政委,你有问题吗?

【市城市管理综合行政执法总队政委赵桂飞】首先恭喜我们金老师,荣升政委。现在我们要去组织一次拆违,他那个违章建筑在 10 楼,门都不让你进,怎么办?

【民声代表、"民意政委"金璞华】我觉得吧,这个。

【主持人周学】10 楼是顶楼吗?

【市城市管理综合行政执法总队政委赵桂飞】不是顶楼。

【民声代表方程】也不能从上面进。

【主持人周学】这哪儿请来的这个政委是。

【民声代表、"民意政委"金璞华】那我想哦,首先我会做什么样的工作。我会去把《直播南京》请到现场。让他们全程拍摄,然后把这个作为《直播南京》的问答题,让群众讨论,我们应该怎么办?我想我们人民群众,南京市 800 万人民群众是最有智慧的,他们一定能给我们最可靠、最稳妥、最安全的答案。

【市城市管理综合行政执法总队政委赵桂飞】金政委。

【主持人周学】这球踢得啊。

【民声代表、"民意政委"金璞华】如果这个案例是真实存在的,我觉得恰恰是我们的工作的失误,因为这个违章建筑,已经盖好完成了。首先,如果说要拆违,要动用大量的人力物力,会浪费我们大量的公共资源。这是第一点。第二点,对盖违建的这个人,对他的经济也是一种损失。正是因为如此,我们才需要大量地推进我们的网格化管理,当任何事情在萌芽状态下时,我们都有第一责任人,可以发现这件事,在他的楼层还没有建起来的时候,就消灭在萌芽状态。所以我相信,如果在我们的网格化全部建成的时候,我们每一位群众,都是我们网格上的天眼,一旦发现有人盖违章建筑的时候,请你们也第一时间拨打 12345,谢谢大家。

附 1

杭州市委办公厅　杭州市政府办公厅关于印发
《关于创办电视栏目〈我们圆桌会〉实施方案(试行)》的通知

各区、县(市)党委和人民政府,市直属各单位:

　　《关于创办电视栏目〈我们圆桌会〉实施方案(试行)》已经市委市政府同意,现印发给你们,请认真组织实施。

中共杭州市委办公厅
杭州市人民政府办公厅
2010 年 12 月 31 日

关于创办电视栏目《我们圆桌会》的实施方案(试行)

　　为深入贯彻落实科学发展观,创办党政、市民、媒体"三位一体"和党政、院校、行业企业、媒体"四界联动"的电视栏目,搭建汇聚民智、交流沟通、推动发展、促进和谐的平台,经市委市政府同意,由市委办公厅、市政府办公厅、市委宣传部、市发展研究中心、杭州文广集团等单位牵头,在杭州电视台综合频道开办交流谈话类电视栏目《我们圆桌会》。现提出如下实施方案。

　　一、指导思想

　　以科学发展观为统领,以富民强市、社会和谐为主旨,以"让我们生活得更好"为核心理念,以"我们、交流、理解"为主题词,创办《我们圆桌会》,建立党政、市民、媒体"三位一体"和党政、院校、行业企业、媒体"四界联动"的交流沟通电视平台,实现多方互动、各界交流、相互沟通、彼此理解,使之成为促进民主民生、推动科学发展的重要渠道,成为汇聚民智、加强沟通的重要平台,成为促进发展、促进和谐的重要平台,为共建共享"生活品质之城"、全面建成惠及全市人民的小康社会做出贡献。

　　二、主要功能

　　1.汇聚民智:通过节目讨论和互动,汇集专家、部门、行业企业和市民关于城市规划、城市建设、城市管理、城市发展等方面的意见、建议,使之成为汇聚民智的重要平台。

57

2.交流沟通:以主人翁的姿态,以我们彼此复合、主动关联的方式,使之成为社会各界共同参与、交流沟通、彼此理解、形成共识的重要平台。

3.推动发展:联动相关职能部门,建立健全意见、建议的分析、采纳机制,推进党务、政务公开和透明,以此促进各项工作的顺利开展,推动科学发展。

4.促进和谐:坚持正确的舆论导向,以生活的心态和平常的视角为切入点,就社会关注问题进行建设性的交流讨论,关注诉求,反映民意,疏导情绪,引导民情,凝聚民心,促进社会和谐。

5.提升素质:通过专家深入浅出的剖析和多方交流互动,阐释经济社会发展的宏观背景和全局情况,解读有关政策、举措,传播生活知识,提升市民素质。

三、栏目话题选择

1.注重老百姓关心与党政界关注相结合,力求将党委、政府和专家学者对经济社会发展的宏观思考及现实性把握与老百姓关注的生活话题及其日常心理需求相统一,实现宏观与微观的对接。

2.注重市民生活与经济社会发展相结合,以一种生活的心态、民生的视角去关注经济社会发展的深层次背景、社会机制等问题,从日常生活话题切入,实现发展与民生的对接。

3.注重新闻事件切入与社会现象分析相结合,把市民所关注的新闻事件与普遍存在的社会现象在栏目中进行穿插对照,实现单个事件与普遍现象的对接。

4.注重把舆论热点中社会心理分析、情绪疏导与专家学者所关注的深层次思考和背景分析相结合,充分挖掘事件、热点背后隐藏的心理层次问题,实现心理疏导与理性分析的对接。

总之,话题切口要做到由小见大、由浅入深——从民生小话题引出宏观大视野,深度剖析、释疑解惑、小进大出、有机结合。同时,话题选择要立足杭州、面向全国,以本地话题为主,同时兼顾全国其他城市的话题。

四、栏目设计

栏目样式以演播室谈话为主,具体为:一个主持人加四至五位嘉宾的形式,可根据实际情况设嘉宾主持人。每期嘉宾构成主要为:专家学者＋党政部门人士＋行业企业人士＋市民代表＋社会评论员(媒体)。谈话过程穿插外场采访、背景资料回顾、电话热线、网络观察员（杭网议事厅）和信息员播报、调查发布等多种开放式的互动参与形态，增加节目的信息量和艺术感。

五、栏目播出方式

栏目播出平台为杭州电视台综合频道。栏目每期节目的时长为 30 分钟，周一至周五日播，播出时间为 20:00—20:30。

六、栏目联动机制

通过各界联动、主动关联，建立市民主体、专家支撑、党政引导、媒体传播、行业企业参与的栏目联动机制。

1. 与市有关职能部门和区、县（市）建立联动机制。栏目要与市有关职能部门和区、县（市）有效联动，使其拥有一个反映工作的渠道和应对突发事件的通道，形成有效的发布解释和建议征集机制。同时，与政策制定部门建立互相联动机制，在政策调研、发布和执行阶段通过栏目进行意见征集、发布、反馈等，营造良好的舆论氛围和民意基础，推进党务、政务公开，推进决策民主化、科学化，促进相关工作的开展。

2. 与专家学者和研究机构建立联动机制。依托市决策咨询委员会、市委政策研究室、市发展研究中心的专家网络，邀请社会学、经济学、城市学、管理学、教育学、心理学、行政管理、公共治理等方面的专家和入驻杭州的文化名人参与访谈，为栏目提供智力支撑。同时，建立栏目专家顾问组，提供专家咨询，帮助栏目提升水平。

3. 与省市媒体建立联动机制。要与省市主流媒体形成互动，扩大影响力和辐射面，特别是要加强栏目与"杭网议事厅"、杭州电视台各频道以及与广播、报纸、期刊、移动电视、手机报等不同媒体之间的联动，扩大互动交流的效应。

4. 与行业企业界建立联动机制。行业、企业与社会组织是参与杭州经济社会建设与发展的主力军，许多热点问题都与行业、企业有关，栏目邀请行业企业界和社会组织代表（既可以是当事人，也可以是嘉宾）参与节目，共同讨论社会热点问题。

5. 与综合考核评价工作建立联动机制。栏目要与市考评办开展的市直部门和区、县（市）综合考核评价工作有机联动，由市考评办向栏目推荐各部门和区、县（市）年度创新创优项目和向社会公开承诺的社会评价意见重点整改措施中合适的内容信息,作为栏目选题参考。部门和区、县(市)参与栏目策划、讨论、录制的情况,以正向激励为主的原则,纳入年度综合考评专项考核内容。

6.与市民代表工作机制建立联动机制。栏目要与市行政服务中心开展的市民代表工作机制有效衔接,推选一批具有大局意识、责任感强、思路清、点子多、善表达的市民代表参与节目,为民主民生互动平台提供市民视角与意见。

7.与"人民好建议"征集工作建立联动机制。专家、嘉宾在栏目上表达的好建议、好点子,以及观众、网民通过热线电话、邮件、网络反映或提供的好建议、好点子,纳入市"人民好建议"征集工作的范围。

七、组织架构

1.主办:市委办公厅、市政府办公厅、市委宣传部、市发展研究中心、杭州文广集团、杭报集团、杭州发展研究会。

2.承办:杭州电视台综合频道、杭州生活品质视厅。

3.协办:杭州市有关部门,各区、县(市)。

4.网络联动:杭州网"杭网议事厅"。

八、保障机制

1.建立栏目综合协调机制。市委市政府成立"市民主民生媒体互动平台建设工作领导小组",由市委副书记叶明任组长,市委常委、常务副市长杨戌标,市委常委、秘书长许勤华,市委常委、宣传部部长翁卫军任副组长,成员由市直有关部门负责人组成。领导小组下设办公室(设在市委办公厅(市委政研室、市发展研究中心)),具体协调栏目工作的开展。

2.建立栏目工作组。由栏目主办和承办单位共同成立栏目工作组。工作组下设策划组、联动组、制播组三个小组。策划组:负责节目话题的筛选、确定、策划等工作。由相关专家、市委办公厅、市政府办公厅、市委宣传部、市委政研室、市政府政研室、市发展研究中心、杭州发展研究会、杭州电视台综合频道、杭州网相关人员组成。具体工作由市委办公厅、市发展研究中心、杭州电视台综合频道、杭州发展研究会为主负责。联动组:按照"四界联动"的要求,根据节目具体安排,负责邀请有关专家、城区和部门负责人、行业与企业代表、媒体及市民代表等参与节目,同时加强栏目与市考评办、市行政服务中心、市信访局、杭报集团以及其他媒体之间的联动。由市委办公厅、市政府办公厅、市发展研究中心、杭州发展研究会为主负责。制播组：负责节目的包装、编导、采访、制作和播出，负责演播室、设备和人员保障。由杭州电视台综合频道为主负责，生活品质视厅共同参与。

3.建立部门和区、县(市)信息及协调联动机制。在市民主民生媒体互动平台建设工作领导小组的指导下，建立《我们圆桌会》电视栏目部门和区、县(市)信息及协调工作联络组，形成联动工作机制。联络组成员主要由市民主民生媒体互动平台建设工作领导小组成员单位办公室(秘书处)负责人和各区、县(市)党委办公室负责人，以及市委办公厅、市政府办公厅、市政府政研室相关处室负责人和杭州网负责人组成。联络员的主要职责是提供《我们圆桌会》相关选题信息参考，协调落实节目嘉宾邀请，意见、建议反馈落实等。(具体方案见附件)

4.建立与"杭网议事厅"联动传播机制。《我们圆桌会》与"杭网议事厅"是推进民主民生工作的电视载体和网络载体，双方要建立联动传播机制，互相提升知晓率和影响力。具体联动有四个方面：一是在"杭网议事厅"开设《我们圆桌会》视频专栏，与杭州电视台综合频道同步播出节目。二是在"杭网议事厅"开设《我们圆桌会》选题征集专栏"，向广大网民征集栏目选题、预告栏目内容，杭州网责任编辑、记者参加栏目选题策划会。三是处理问题互相联动，联合市有关部门妥善处理市民、专家等通过栏目提出的有关问题。四是《我们圆桌会》与"杭网议事厅"互相宣传。

关于电视栏目《我们圆桌会》信息及协调联动机制的方案

为办好交流谈话电视栏目《我们圆桌会》，根据《关于创办电视栏目〈我们圆桌会〉的实施方案(试行)》，现就建立《我们圆桌会》电视栏目信息及协调联动机制提出如下方案。

一、建立联络组

在市民主民生媒体互动平台建设工作领导小组的指导、协调和监督下，建立"《我们圆桌会》电视栏目部门和区、县(市)信息及协调工作联络组"。

联络组成员主要由市民主民生媒体互动平台建设工作领导小组成员单位办公室(秘书处)负责人和各区、县(市)党委办公室负责人，以及市委办公厅秘书一处、秘书二处、信息处、督查室负责人，市政府办公厅秘书一处、信息处负责人,市委政策研究室战略发展研究处负责人,市公共政策情报资料研究中心负责人和杭州网负责人组成。

联络员的主要职责是提供《我们圆桌会》相关话题信息,协调落实节目嘉宾邀请,通过栏目收集到的意见、建议反馈落实等。

联络组日常联系工作由市发展研究中心文化建设研究处承担。

二、话题信息联动要求

1. 由市委办公厅秘书一处、市政府办公厅秘书一处联络员于每周四将市委、市政府近期拟出台的政策文件目录发送至指定邮箱,供《我们圆桌会》栏目组策划节目话题的参考,并根据相关话题内容采纳情况提供具体内容(有保密要求和不宜公开的除外)。

2. 由市委办公厅信息处、市政府办公厅信息处、市委政策研究室战略发展研究处、市公共政策情报资料研究中心联络员于每周四将前一周内编发的各类信息刊物发送至指定邮箱,供《我们圆桌会》栏目组策划节目话题的参考(有保密要求和不宜公开的除外)。

3. 请市信访局(市人民建议征集办公室)联络员于每周四将前一周内收集到的"人民建议"发送至指定邮箱,供《我们圆桌会》栏目组策划节目话题的参考(有保密要求和不宜公开的除外)。

4. 请市考评办联络员将市直部门和区、县(市)年度创新创优项目以及向社会公开承诺的社会评价意见重点整改措施信息及时发送至指定邮箱,供《我们圆桌会》栏目组策划节目话题的参考(有保密要求和不宜公开的除外)。

5. 市有关部门办公室(秘书处)和各区、县(市)党委办公室联络员根据工作需要,在制定、出台重要政策与举措前填写"《我们圆桌会》交流谈话电视栏目联系函"(函1),以邮件或传真形式发送至指定地址,供《我们圆桌会》栏目组策划节目话题的参考。

6.《我们圆桌会》开通观众热线电话,《杭网议事厅》开通选题征集专栏,向市民征集选题信息,并进行整理汇总,于每周四发送至指定邮箱。

各方信息由市发展研究中心文化建设研究处汇总整理后,送市民主民生媒体互动平台建设工作领导小组办公室,经领导小组办公室审核后,再发送至《我们圆桌会》栏目组供策划节目的话题参考。联系方法:互联网邮箱(mzmshdpt@hz.gov.cn);政务外网邮箱(普通组—市委—市委办公厅—市委办公厅各处室—杭州市发展研究中心文化建设研究处);电话(传真):85251756。

三、嘉宾协调联动要求

1.栏目组制作与市直有关部门和区、县(市)工作相关内容的节目前,以"市民主民生媒体互动平台建设工作领导小组办公室"的名义发送嘉宾邀请函(函2)到相关单位,请各单位联络员协调落实有关领导和其他与部门业务工作有关的嘉宾参加节目策划讨论和录制,并在规定时间前予以反馈。

2.由市行政服务中心联络员根据栏目组需要,负责推荐具有较强公共精神和参与意识、具有建设性心态和大局意识、具有较强议事议政能力、具有一定代表性和广泛性的市民代表参与节目的讨论和制作。

3.由市发展研究中心、杭州发展研究会根据栏目组需要,负责邀请落实社会学、经济学、城市学、管理学、教育学、心理学、行政管理、公共治理等方面的专家和相关行业企业界人士参与节目的策划讨论和录制。

四、意见建议汇总及处理要求

1.《我们圆桌会》栏目组负责将话题策划过程中收集和形成的意见、建议,嘉宾在节目中提出的意见、建议,以及节目播出后观众通过热线电话、栏目电子邮箱提出的意见、建议进行梳理、汇总,并在节目播出后一周内发送至指定邮箱(同上)。

2.《杭网议事厅》联络员负责将网民通过杭州网提出的关于节目话题的意见、建议进行梳理、汇总,并在节目播出后一周内发送至指定邮箱(同上)。

3.市发展研究中心文化建设研究处负责将以上两个渠道收集到的市民意见和建议再进行汇总、梳理,交由市委办公厅信息处负责编发《杭州信息》。由市委督查室对市有关部门和区、县(市)落实市领导相关批示的情况进行督查。

五、荣誉激励机制设置

1.以"市民主民生媒体互动平台建设工作领导小组办公室"的名义,发送感谢信至参与节目录制的市有关单位和区、县(市)及嘉宾。

2.各区、县(市)和市直部门参与节目情况列入全市党委信息工作考核,根据信息考核办法予以记分;市领导相关批示办理情况列入全市督查工作考核,根据督查考核办法予以记分。

3.市委办公厅、市政府办公厅每年对市直部门和各区、县(市)参与《我们圆桌会》电视栏目工作进行评选,对评选产生的优秀单位、优秀联络员给予表彰。

函 1

《我们圆桌会》交流谈话电视栏目联系函

单位名称(盖章):

话题来源(背景、事由):

节目要求(形式、嘉宾、预期效果等)：

联系人(姓名、职务、电话)：

年　　月　　日

　　备注:此表可在杭州网"杭网议事厅"下载,说明可另附纸。

函2

《我们圆桌会》交流谈话电视栏目嘉宾邀请函

_____:

　　《我们圆桌会》交流谈话电视栏目将于近期录制×××××节目,因节目内容涉及贵单位,特邀请贵单位协调安排相关领导参与节目录制工作。

　　请于×月×日前书面反馈人员名单(需单位盖章)。

　　节目录制地点:之江路888号杭州文广大楼3楼《我们圆桌会》专用演播室。录制时间另行通知。

　　联系人：　　　　　电话：　　　　　传真：

姓名	职务	联系电话	备注

市民主民生媒体互动平台建设工作领导小组办公室

年　　月　　日

65

第四章　协商类电视问政功能研究：
对话推动进步

"当下中国无疑是历史上一个最好的时期。但却不是矛盾、痛点、痛感最少的时期。"①实际上，并非所有冲突都无法先期控制、先期化解，关键是要充分了解民意、重视民意、敬畏民意。"媒体在转型期的中国承担什么样的责任呢？除了报道真相，我们更重要的是要搭建平台。"②由媒体搭建的、具备"公平""公开""公正"特性的电视问政平台既是有效的公众表达窗口，又是一个弹性的减压阀，也是民众督促政府科学决策的重要渠道。

第一节　化解社会矛盾

一、说服理论与电视问政

2011 年 4 月，内蒙古自治区呼和浩特市管理者面对着一个难题：该市玉泉区春光嘉园小区压在新的城市规划干道世纪五路上，为了修路必须拆迁。入住不到三年、花费一生积蓄准备在此安家的百姓无法、也没有能力接受这个事实。一方是坚决要拆，一方是极不情愿。面对矛盾，双方不约而同地想到了"媒体"这一公共平台。2011 年 5 月 12 日，内蒙古电视台经济频道播出电视问政节目《拆新房为哪般》，在 30 分钟谈话节目中，双方进行了直接对话，并且达成了 3 点共识：政府部门当场认错；居民基本认可房

①　张振华：《政协牵手媒体　创造社会管理——评"政情民意中间站"新方式》，《视听纵横》，2012 年第 4 期，第 4—8 页。
②　任天阳：《媒体应搭建公众关注热点问题的沟通平台》，http://news.xinhuanet.com/fortune/2013—8/07/c_125130460.html。

屋拆迁；双方愿意共同选定机构重新对房屋进行价格评估。该节目曾获得第22届中国新闻奖一等奖，成为社会协商的经典案例。

如此"敏感"话题竟然可以搬上电视台公开讨论，而且还达成了多项共识，电视问政为什么能发挥出如此"不可思议"的作用？说服理论可以对此做出有效的解释。

说服理论（persuasion）被定义为"通过接收他人的信息产生态度的改变"。在早期传播学研究中，说服理论占有很重要的位置。霍夫兰从"学习理论"（learning theory）的角度开始了说服理论的研究。其观点是：态度是由学习得来的，并且态度改变同样是在学习的过程中进行的。在说服理论内容提示法中，"一面提示"能够对己方观点做集中阐述，论旨明快，简洁易懂，但同时也会给人一种"咄咄逼人"的印象，使说服对象产生心理抵抗。"两面提示"（two sided messages）由于给对立观点以发言机会，给人一种"公平"感，可以消除说服对象的心理反感，具有一种"免疫效果"。但由于同时提示对立双方的观点，论旨变得比较复杂，理解的难度增加，在提示对方观点之际如果把握不好分寸，反而容易造成相反结果。"两面提示"研究显示：当受众预先已经偏向于接受某一个信息时，那么单方面的信息是比较好的。而当受众被充分地提供信息，或者不同意论者的立场的时候，两面的分析是更为有效的。

二、传播过程分析

"大众传播的最大特点是一个媒介面向全社会传播信息，没有明确的传播对象。"[①]在现场对话中，嘉宾、来宾围绕主题，表达所见、所闻、所思，同时接受"谈话对象"以及"不确定对象"的推敲和审视。实际上，对话参与者在表达自身诉求、说服对方的同时，也是在努力说服收看电视的公众，形成有利于自己的舆论。

1.尊重事实，突出公开性

用事实说话是新闻报道的基本规律。本案例中，节目除了用短片揭示"新建三年的小区即将拆迁"的基本事实之外，还采用质疑、设问等多种形式对事实进行求证。"拆迁有没有获得许可？""造成新房拆迁的主要原因

---

① 李良荣：《新闻学概论》，复旦大学出版社2007年版。

是什么?""属于公益拆迁还是商业拆迁?"随着对话的展开,这些核心信息被一层层披露。对于"拆新房为哪般"这个特定话题来说,现场对话的过程就是相关信息被集中公开的过程。信息公开,是居民代表们参与协商交流、表达自身利益诉求的前提。而比信息公开更重要的则是谈话的全过程被公开。这种"观点的曝光",比"事实的揭露"往往更有约束力,更有助于参与者的理性表达。

2. 平等对话,体现公平性

由于自身角色不同,不同社会群体对于"新闻事件"和"热点话题"的认识存在差异性和层次性。新闻访谈节目通过沟通和交流来增进彼此的理解,展示不同视角下的核心事实,创造良好的舆论环境,从而实现大众传媒的引导功能。在座位安排上,居民代表和党政官员的座位是平等的,没有高低之分。随时递上的话筒,让居民代表和党政官员可以充分表达各自的观点和诉求。而主持人则适时把握各方观点,让对立的拆迁双方在轻松而严谨的氛围中进行对话。

3. 多方参与,确保公正性

在现场参与谈话的嘉宾中,除了当事双方外,还有两位非常重要。一位是律师艾国平,一位是栏目评论员、内蒙古社会科学院经济所所长于光军。作为旁观者和第三方,他们的参与带来了独立的看法和理性的思考,让节目更显公正。

律师和评论员在节目中的发言只有三四次,每次不过寥寥数语,但是所起到的作用却很大。第一个矛盾焦点:"如果居民不愿意,是不是政府就没有权力拆?"作为党政官员代表,副区长韩轶的回答"不一定"。律师的发言很快讲清了并补充说明了这个问题:"副区长说是为了路,符合公益拆迁的性质,大家只能接受。但是如何补偿问题是应该好好研究的问题"。第二个焦点"目前的货币补偿办法妥不妥?"官员说补偿价格4300元以内,居民认为不止这个数,双方各执一词。律师的作用再次得到发挥,指出"按照拆迁条例,拆迁人和被拆迁人可共同选定一家评估机构来评估价格"。这个信息,立即赢得双方的认同,现场冲突得以化解。

作为栏目评论员,节目嘉宾、内蒙古社会科学院经济所所长于光军的发言超脱而理性。在双方为补偿问题反复讨论时他提出了新的观点。"现在的很多矛盾与过去做事不得当有关系。政府补偿的这些钱其实都是老百姓的钱。即使是开发商出了,转嫁到买房人身上也不合适。"

三、传播效果分析

通过这些讨论,当地政府与拆迁户双方代表达成了共识。在节目现场,居民们最初的态度是"不愿意搬迁"。协商交流之后,居民理解了拆迁的必要性,态度出现逆转,当场表态"愿意搬"。对于居民提出的"货币补偿要双方共同选定评估机构",政府领导当即表态同意。对于居民提出的"希望立即给现房"要求,政府领导也表示"可以考虑"。

节目现场另一重要的共识是:现场嘉宾一致认同,拆迁之前的沟通更要紧。整期节目还传递了一个清晰的观点——城市规划的严肃性应该引起有关部门重视,谨慎对待城市建设和拆迁。

从矛盾对立、观点分歧、互不信任到基本达成共识,这场协商交流活动达到了三个效果:一是对城建拆迁的有效监督。在谈话过程中,对短期规划造成的后果锲而不舍地追问,巧妙地批评了政府部门只注重结果不注重过程的工作思路。二是引导居民理性和依法维权。节目清醒而客观地为拆迁中的弱势群体争取权益,居民情绪逐渐归于理性客观。三是促进政府重视与居民的拆前沟通。根据栏目组反馈,《拆新房为哪般》播出后,当地政府尊重居民的意见,审慎考虑相关的规划和建设方案,暂缓了此拆迁项目。在社会舆论的关注监督下,当地城市拆迁项目更重视与居民的沟通,更自觉地依法拆迁。甚至一些政府拆迁项目主动邀请栏目组参与拆迁前与居民的沟通和动员工作。在城市治理面临复杂问题的时候,充分发挥媒体的桥梁作用,起到化解矛盾、减缓矛盾的作用。纵观整个对话协商始末,媒体搭建的公共话语平台起到了至关重要的作用。在节目中,矛盾双方——"居民代表"和"政府官员"面对面坐到镜头前,以对话的方式谋求问题的解决,实现了相互"说服"。

1.就本话题而言,媒体在"两面提升"过程中是否保持中立

媒体是舆论工具,宣传党和政府的方针政策责无旁贷。从工作的角度,党政官员愿意、可以、也应该来节目中交流。除了听取居民意见外,宣传拆迁政策,说清"搬迁必要性"是此行的重要任务,因为城市要实现"南拓"战略,该小区挡道必须得拆迁。成为政策宣传工具,是党政官员对媒体

的最初期待。

对于居民来说,媒体是每个人都可以使用的公器。面对突然拆迁,其压力无从释放,求助媒体是他们觉得最可行的办法。新房子住了才两年就要拆掉,内心酸楚需要一吐为快。人人可用之公器,是百姓对于媒体的最大期待。

"工具"和"公器"反映着两种不同侧面的诉求,电视台能否同时予以满足?这既是媒体所面对的巨大挑战,也是解决拆迁矛盾的关键。要解决拆迁中的尖锐矛盾,就不能让任何一方失望。在这个对话平台上,媒体充分发挥了公共舆论的沟通属性,突出了公开、公正、公平的大众媒体特点。

2. 本案例中"两面提示"策略有无落实到位

居民和政府官员最初的观点是对立的,但是在协商过程中,双方发言并没受到彼此的制约,都给彼此的观点以充分的发言机会。当然,针对不同的话题,话语权本身其实存在不平等性。比如在谈到拆迁对于城市发展的意义时,官员拥有了更多的话语权。针对这一现象,主持人还采取了一些特殊的"议程安排",确保双方的充分表达。对话中,主持人提议让"居民们每个人都说说这段时间是怎么过来的?"这个议题的设置很好地解决了居民的话语权问题,避免了居民在这个话题上弱势地位。毕竟,居民们是最真切的感受者和利益相关者。

此外,主持人还通过适时代言,弥补弱势群体的表达缺失。当居民想说而不敢说时,主持人代大家说出心里话(比如"韩区长,你的好心我理解,但是你不能替我决定我未来怎么样是幸福的"),现场一再热烈鼓掌。协商的尾声,在主持人提到"韩区长参加节目的勇气和真诚的态度"时,现场再次响起掌声。透过这些掌声,我们可以清晰地看到一种舒畅的沟通。

3. 就本话题而言"两面提升"策略的社会背景有无特殊性

住房拆迁,对于任何一个城市来说都是难点、热点。江苏社科院的一次专项调查显示,影响构建和谐社会因素,反映"单位改制"的占34.6%,反映"住房拆迁""下岗失业""子女教育"的各占 22.4%[①]。很多拆迁引发的社会问题,都是在拆迁前与居民沟通不够造成的。在这些矛盾冲突尖锐

---

① 张卫:《当前影响江苏构建和谐社会的主要因素及发展路径选择》,《学海》,2006 年第 6 期,第 187—190 页。

的敏感问题上,媒体社会功能的发挥令人期待。电视问政节目《拆新房为哪般》组织了一场卓有成效的"官媒互动"对话,呈现在摄像机镜头前的对话协商,让人们看到了不一样的路径——在相互对立的条件下,以协商方式实现了"两面提示"的说服效果。

该案例表明,在相互对立的条件下,通过镜头前的对话可以化解矛盾,直接带来双方态度的同时转变,说服效果良好。在对话平台的构建中,媒体努力强化沟通,同时实践着"监督"和"向导"功能,成为治国理政的重要资源和重要手段。

内蒙古电视台《百姓热线》录制现场

面对多发的各种社会矛盾,媒体不仅要揭露事实,还要搭建平台发挥公共舆论沟通功能,促进对话沟通,化解社会矛盾。媒体在这一过程中,应该突出公开、公正、公平的媒体特点,持续不断地推动协商与对话,回应公众期待。从《拆新房为哪般》可以看出,镜头前的对话是化解矛盾的有效路径。

第二节　倡导公共理性

理性的缺失是社会转型中"集体性晕眩"的直观表现。它与文化传统有关,与政府信息公开、极端性事件刺激、社会公平正义有关,同时与媒体传播的方式方法也有关系。当然一些不理性声音喧嚣的背后,往往也伴随着媒体传播的失范。

被称为法兰克福学派第二代领袖的哈贝马斯认为,在沟通行动中一切的声称、承认、假定、预设都必须出自一种反省的形式,即必须发展成为一种相互的期望。制度化的理性讨论可以说是一种对话的设计,能促进人群共同意志的合理形成,以驾驭行政设计与技术设计的发展。就人自身的发展来说,平等互信的交往和沟通具有更为深远和高尚的人本主义价值,一定程度上暗合了人类社会进步的方向。

一、互联网背景下的公众表达

当下社会,面对社会和科技的双重进步造就的前所未有的公共舆论平台,公众的表达变得异常便捷。微博、微信、QQ空间、网络社区论坛等,几乎都是零门槛。面对扑面而来的信息,有些网民总是很气愤、很浮躁,言语上总是抨击、谩骂、批判。这些不理性的公众表达主要有三个方面:一是多"口水",是不注重证据的观点之争。即使是在对一些事实真相不够清楚时,也常常是轻松谩骂,无根据地怀疑。二是多"戾气"。对于一些小的过失或者失范,无限制放大。三是无"底线"。随意放纵情绪,模糊了人际交往的界限,在言论中侵犯隐私,侮辱人格,鲜有理智、节制、宽容的声音。

新媒体背景下传播活动中的理性缺失现象,在一些典型负面事件中体现得尤为充分。2012年5月20日,杭州市区一则社会新闻所引发的广泛"非理性"舆论尤其值得关注。杭州的一名女乘客张某和公交车司机就车票发生争执,张某上前拉扯正在开车的司机,结果导致公交车方向盘打偏撞上建筑物,造成14人受伤。因涉嫌危险方法危害公共安全罪,乘客张某随后被刑事拘留。2012年5月21日到5月30日,在一周多的时间里,《今日早报》《青年时报》《都市快报》以及浙江电视台等杭城各家媒体对此进行了连续、详尽的报道。新华社等国内外数百家媒体进行了转载。其关注热点包括:《女乘客猛拉司机胳膊,失控公交车一头撞上消防队营房》《刑事拘留!警方通报K3路撞入消防中队事故处理情况,行驶途中拉扯公交司机的乘客张某涉嫌危害公共安全罪》《报道追踪:K3路公交撞进消防队,突发意外如何应对?》。杭州网公交版块"巴士之家"的帖子《K3路交通事故当事人乘客张某涉嫌危害公共安全罪被刑拘》。在短短一周内,就有318719人次阅读,1242人次回复。

杭州本地网上论坛"19 楼社区"就这个话题开设了讨论专区"杭州警方以涉嫌危害公共安全罪刑拘到底合理不合理呢"。在一周内,共有 1908 人参与讨论。

分析这些意见,网民的反应主要有四类:认为乘客张女士自食其果,占 62%;认为司机有责任,占 13%;吐槽公交公司服务质量、讲述个人遭遇的,占 14%;借机抨击其他社会现象的,占 11%。对女乘客张某的评价中,以下这类评论占大多数。

@jaguar:能说脏话吗? 不能,那没什么好说了。

@miss_小米:事情的真相竟然如此荒唐,怎么会有这样无知的女人! 因为自己的野蛮无知,伤及了那么多无辜的人,应该拘留追究刑事责任!

@qweasdhyh:赔付不起,逼她卖房子。

@沧海中的蝴蝶:最讨厌这类中年妇女,嘴巴不要太贱,不晓得哪里来的优越感。这件事情也是给广大同类型中年妇女敲响了警钟,让他们以后为人处世动动脑子,都是些神马人啊。

@oyxl:这个姓张的女乘客,逃票,还要害别人,这种脑子搭牢的人,还好做会计? 人肉她,她的单位!

无论是媒体报道、网上论坛,还是街头坊间,提起此事均义愤填膺。所有相关报道几乎集中在一个关键词:鲁莽。舆论在谴责当事人的同时,还充斥着谩骂和人身攻击,一些评论还对当事人极尽嘲讽。

2013 年 7 月,杭州下城区法院做出一审判决,认定张某构成以危险方法危害公共安全罪。考虑到系偶犯,主观恶意较小,法院从轻判处有期徒刑 3 年,缓刑 3 年。

对照原先媒体认定的"至少判 10 年"等舆论,这一法律判决结果促使公众冷静思考最初的舆情。相对于其他刑事案件或丑恶现象,这一事件引发的舆论热潮实在是空前的。一个并不算大的刑事案件何以会激发如此众多的"不理性"情绪? 媒体该怎样引导人们朝着理性、平和的方向迈进?

细细分析,众多谴责声中人们更多关注"小大之间"的戏剧性的效果:小小一块五毛钱车票、小小一个动作,却引发了严重的后果,面临严厉的惩罚。在小事(1.5 元车票)与大事(14 人受伤)、简单(拉方向盘)与严重(车祸撞墙)之间,很多人其实仅仅"看了一场热闹"而已。对于"小恶"的无原则、无底线指责,使人拥有一种幸灾乐祸的痛快。在痛斥当事人时,似乎所有人都独立在此之外,拥有巨大的道德优势。没有人去冷静地思考事件本身,更没有人去反思自己。

当人们的关注点在于"热闹"的时候,"看客"的、不健康的心态也随之产生,谩骂指责成为一种潮流。人们在畸形的优越感中作恶的狂欢。一种不健康的社会心态被进一步传播、放大。

这种"看客心态"恰恰是现实中社会理性的巨大障碍。哈贝马斯的沟通理性假定了人常常会从他人的角度来思考问题。但是,从他人的角度来考虑有不同的运作和目的。"有时人们从他人的角度考虑是为了更好地谋取自己的利益,获得他人的同意或有效地欺骗他人。知己知彼是为了迷惑他人。人从第三者的角度看问题并非一定是为了争取共识,或者仅仅假装谋取共识,以获得他人的支持。"①

假设少部分人遵守沟通规则,而大部分人不遵守,这少部分人可以说服,但大部分依然不听时沟通理性就处于被动之处。媒体的作用则至关重要。对于非理性事件的解读,媒体如果仅仅就事论事,单纯甚至片面报道,难免会导致其负面因素的传播,使"不理性的故事"的事件成为一些人发泄的契机。为了传递理性,倡导公众内心深处那份理性之光,媒体应该做更多更有效的探索。

二、非理性社会舆论的形成

"不理性"的社会舆论的形成,原因是多方面的。就传播学的角度来说,公众"不科学"的信息接收是一个重要因素。

1. 信息零碎

为了博取眼球,媒体在传播中往往有意剥离那些背景和细节,把骇人听闻的事实无限放大,忽略了其他可能的存在。在以上这个事件中,一个非常重要的事实就是,当时乘客是与自己的80多岁的母亲一起去乘车的。按照常理,如果她有意制造车祸,或者明确预知后果,则不可能不考虑自己

---

① 颜世晔、才华:《哈贝马斯的"沟通理性"对我国和谐社会建设的启示》,《燕山大学学报(哲学社会科学版)》,2009 年第 1 期,第 108—110 页。

母亲的安危。令人遗憾的是，这一信息在诸多的媒体报道中并没有涉及。

2.思维孤立

按照诺贝尔奖获得者、著名经济学家、心理学家丹尼尔·卡尼曼的观点，人们的判断总是首先来源于直觉，在直觉受阻时，才会启动逻辑严密的思维程序。如果对于事物的报道仅仅局限于表面，或者是单一的思维模式，势必诱发人们的直觉思维，进而做出简单判断。[①]

3.有"恶"推定

对事实真相不够清楚时轻松谩骂或者转发是容易的，如果缺乏理智、节制、宽容和对自己的要求，在"恶"的推定下，人们习惯性地以最糟糕的一面来分析问题。于是，人性之恶泛滥，随意放纵情绪，让自己侵犯别人，又在随意护卫自己时，形成了舆论上的非理性宣泄，模糊了人际交往的界限。

理性缺失的公众表达，折射了群体间信任度低、沟通困难、社会运作成本高的现实。在公共舆论场，理性缺失正在成为一个严峻的现实问题。与非理性的舆论环境一脉相承，非理性维权引发的群体性事件和极端行为近年来时有发生。"拦飞机""房闹""医闹""跳楼秀"等变得见怪不怪。对于公民来说，理性表达、理性维权是文明社会正确解决问题的基础。只有公民与公民之间、公民与政府之间有了良性互动，社会才能在稳定的轨道上实现经济社会的转型发展。

三、电视问政与公共理性

理性，是指处理问题按照事物发展的规律和自然进化原则来考虑的态度，考虑问题、处理事情不冲动，不凭感觉做事情。从社会学角度来讲，理性指能够识别、判断、评估实际理由以及使人的行为符合特定目的等方面的智能。理性通过论点与具有说服力的论据发现真理，通过符合逻辑的推理而非依靠表象而获得结论、意见和行动的理由。理性的意义在于对自身存在及超出自身却与生俱来的社会使命负责。

在事发三天之后，2012 年 5 月 24 日和 2012 年 5 月 25 日，杭州电视台

---

① 丹尼尔·卡尼曼：《思考，快与慢》，中信出版社 2012 年版。

综合频道《我们圆桌会》先后播出了两期、共 70 分钟节目,对于"K3 路公交车失控事件"这件"社会新闻"进行了全方位解读。

为了清晰展示"K3 路公交车失控事件"案例的典型意义,在访谈节目中穿插播出资料短片,罗列了一系列相关案例:2012 年 4 月 11 日,上海浦东国际机场滑行道上旅客阻拦飞机;2012 年 4 月 13 日,广州白云机场旅客冲击停机坪;2012 年上半年在上海、深圳、南京、宁波等城市接连出现各种"房闹"事件、"医闹"事件以及"跳楼秀"事件。"权益受损,继而无尺度地维权。"由此分析,"K3 路公交车失控事件"因为与其他事例有高度相似性,具有典型意义。作为谈话节目讨论的重要背景信息提供渠道,短片还透过诸多过激维权案例,找出其共同点:非理性维权者也曾"理性"地反映、求助和申辩过,只是一旦理性方式无济于事,他们就容易被非理性的情绪所左右。围绕关键词"公共空间",在主持人的层层引导下,嘉宾在演播室里一一分析了公共空间的概念、必要性、紧迫性、文化基因等,重点讨论了现实困境、二元社会弊端。从大众视角、文化视角和法律视角三个方面对此进行分析,同时兼顾女性、教育、社会心理和不同年龄层次等。

多层次、多视角的讨论,使得多方观点的碰撞成为可能,也使单一视角下的偏激得以消除。随着对话的层层展开,观众在共鸣中不断接受新的信息,并诱发更深入的思考,一步步建立起理性的自我判断。

在众多纷杂的声音当中,这些充满思辨的观点显得与众不同。节目播出后多家媒体进行转载,连续两天观众反馈的热线电话达到了 100 多个。网上的嘈杂和喧嚣很快沉寂,过去那些一味地指责与谩骂的声音明显减少。

对于新闻媒体来说,应该在推动公众的理性回归上有所努力。在社会转型期,各种矛盾错综复杂,倡导公众理性地应对有着极其重要的意义。

1. 营造公共空间,推动互动交流

所谓公共领域,"指我们的社会生活中的一个领域,某种接近于公众舆论的东西能够在其中形成"①。网络论坛、新闻谈话节目等公共空间是公民自由表达、交流的场所。公共空间概念的确立,有利于人们更加理性地

①　展江:《哈贝马斯的"公共领域"理论与传媒》,《中国青年政治学院学报》,2002 年第 2 期,第 123—128 页。

对待个人与社会。

首先，推动"包容差异"的文化认同。在利益多元、观念多样、思想多变的今天，"差异"必然存在。面对不同的声音，或者可能出现的极端声音，应该确立一种充分包容的社会文化。

其次，推动"彼此尊重"的规则意识。"公共领域应有一种起码的底线规则，建立起码的公共理性，这一点也不妨碍自由，而是为了更好地获得自由并且为自由有所担当。"无论是面对面直接交流（如电视新闻谈话），还是超越时空的间接交流（如网上互动），作为平台的搭建者，媒体都应该构建一种文明理性的议事规则。只有强势的一方懂得尊重弱势的一方，只有彼此共同遵守并使用同样的规则，才能真正搭建理性、建设性的讨论平台，并由此涵养提升中国社会的民主素养和公共精神。在"尊重"和"交流"互动中寻找共识。

2.选择恰当的报道方式，推动理性思维的形成

首先，善意。倡导公共理性必须有一个前提，这就是善意。如果没有起码的善意，在报道中极尽嘲讽之能事，恐怕激起的是一轮又一轮的非理性。在没有确凿证据颠覆一个人的品格时，媒体应该保持最大的善意。

其次，完整。从辩证唯物论的观点看，事物之间的联系是普遍的。媒体要善于从普遍联系中找出其重要的关系，应在历史与现实的纠结中着力。只有在报道上尽可能多地提供多项、多元视角，从一开始便把受众带入逻辑思维模式，那么在受众当中引发的不理性就会大大减少。

再次，时机。对于类似的"非理性事件"社会新闻，如果事出偶然，没有典型意义，则应该减少报道。如果不是，则要认真分析背后的原因和内涵。结合城市中最新发生的事实，媒体报道应在理性缺失和萌芽处着眼。对于理性的典型事件，要大力弘扬，形成风气，真正营造一个崇尚理性光荣的传统。

3.合理议程设置，推动协商解决

不理性，其实是由于成年累月的问题累计所致。要改变人们不理性的观念，还必须立足现实，从点滴做起。

首先，多元对话。在 K3 公交车案例中，多方参与的对话交流不仅传播真相，也在公开的观点碰撞中使许多"非理性"声音失去了市场。媒体

搭建平台并及时展开交流,是最好的传播方式,也是凝聚共识的必然路径。

其次,互动交流。对于媒体来说,通过公共平台的搭建,让事件相关者和当事人直接面对面,在公开公正的平台上进行交流。在实现信息公开的同时,探讨问题的解决,以此来推动责任层面和制度层面的落实。推动相关责任部门为民众提供一条种行之有效的维权"明路",用常态化的维权方式取信于民,让百姓顺畅地表达自己的诉求,在制度上保障他们更为实在地拥有平等的话语权。这对于化解非理性维权将发挥至关重要的作用。

再次,协商解决。在媒体的议程设置中,应有明确的问题导向。是引发关注,还是追究责任?是激起共鸣,还是探索出路?在对一些容易引发社会舆论热点的事件来说,媒体报道应落脚于"善意"和"建设性"的思辨中。

透过众多非理性言论及非理性维权事件,可以看到:无论是个体性的暴力举动还是群体性的偏激行为,都早已被证明不是最好的推动社会良性发展的方式,只有公权力和私权利充分博弈后的"双赢"式理性维权行为,才更容易得到理解与响应。只有在良好的互动中建立起完善的群众利益的表达、回应机制,民众有呼又有应,矛盾才会逐渐得到化解,民众情绪才会平复,才会回归到理性维权的轨道。在这一过程中,媒体搭建公开的互动渠道,使相应的声音得以放大才是关键。在此基础上,进一步实现公权力和私权利基于公开、平等原则上的充分博弈。

对理性分歧的最终解决方法仍然是依靠理性力量。今天的人们既要捍卫权利,也要善于发言;既要行使自由,也应保持自律。公民拥有一份宽容、理性的心态,少一分偏激、少一些冒火、少一些自以为道德,社会就能多一分和谐。当舆论呈现一种"非理性"导向时,新闻媒体应该也完全有能力对此进行冷静思考,避免"戾气"的蔓延,在更多时机、以更好的方式,弘扬理性价值,推动社会的理解与达成共识,真正推动人的现代化、社会现代化。

案　例

《失控的公交与失控的理性》现场片段

【新闻评论员朱成方】权利和责任都是对等的。你拿到一定的权利，你当然应该要付出一定的责任和义务！

【主持人张平】其实很明显，那个女士她是为了维护她的尊严。我想她也不是为了一块钱，她就觉得你好像是在错怪我了，侮辱我了，我要维护我的这种尊严，所以我才去做了。在这个行为中，她背后所折射出的意识到底是什么，黄老师？

【浙江大学人文学院教授黄健】因为整个中国社会是在从农耕文明向工业文明转型的过程中。一个农耕社会是非常讲究血缘伦理的，并扩大到社会的道德伦理，在这种伦理之间是一个有序的社会，这个有序的社会是建立在彼此是熟人的基础之上的。从血缘伦理来说，我们之间有血缘关系，当然就有亲戚关系；而从社会伦理来讲，大家都是熟人了。熟人之间，尽管你有什么问题，也就算了。但是，今天中国正处在一个转型的过程中，它是工业文明向现代文明转型。那么现代文明所强调的是我们的公民社会，公民社会里有一点很重要，那就是公共区域空间。因为今天进入到这个空间里面，再来看血缘这个东西，有，但是它已经淡化了，我们毕竟都是陌生人。

【主持人张平】我刚才听到黄老师说，中国社会发展到现在，已进入陌生人社会。陌生人社会中，在这种公共空间中，有这样一种概念，即公共领域的概念和遵守公共规则的概念。在现代的社会发展中，这样的一种认识是不是非常重要？

【资深媒体人毛小榕】张女士可能在她的熟人眼里是一个非常孝顺的女儿，是一个非常有礼貌、懂道理的邻居。可是，这样一个人，何以她会在这个环境里，突然跳起来呢。她没有意识到，我现在所处的这个地方不是我自己的家，也不是我的邻居家也不是在我们的楼道，我处在这样一个地方，我这样做可能会伤害我自己，也可能会对别人有伤害。

【浙江大学光华法学院副教授季涛】我觉得这件事我们这个文化里很深的一种意识是非常有关系的。我们中国,就像你讲的,已经从一个熟人社会,或者说血缘宗法的社会,转入现代的。因此,你必须要培养这种意识,但关键是我们的土壤是什么,怎么去培养。在中国人眼里,按照血缘关系,就是你说的熟悉程度,亲人是最熟的最爱,到陌生人的话就无所谓了。我觉得这也是符合道理的。但是,这个恰恰是公民社会要反对的一个东西,因为如果你这样做的话,就很容易出现为了我自己,就不顾别人的情况。在中国文化中还有一点,就是公私不是很分的,界限不是很清晰的。因为我们国家是讲血缘关系的,你说国就是家,家就是国,是家国同构这样一个结果,这实际上也导致在我们的文化血液里面,其实是不大注意别人的。

(《失控的公交与失控的理性》片长 35 分钟,杭州电视台综合频道 2012 年 5 月 24 日播出)

第三节　促进协商交流

在西方媒体理论中,新闻媒体被称为第四权力。这种以"质疑"为天性的特质,无法很好地参与并推动协商民主的实施。而在我国社会主义新闻事业中,媒体作为党和人民的喉舌,发挥着重要的桥梁与纽带作用。其自身定位与发展社会主义协商民主的要求高度一致。以《我们圆桌会》等为代表的协商类电视问政节目,树立起了双向沟通、重视民意的理念,扩大了公民有序的政治参与,推进了现代公民的成长与社会主义核心价值观在广大人群中的传播。

一、城市治理呼唤多方互动

当前城市治理面临的问题主要有四个方面:一是社会分歧需要理性沟通。社会各群体之间如果缺乏沟通交流,就会出现互相对立的情绪,"医患纠纷""官民对立""师生纠纷"等社会矛盾就会愈演愈烈。二是社会心态需要主动调适。基于各种因素形成的不良社会心态,如果加入非理性因素,就会不断放大和扩散。必须建立起一种公共理性的产生和传播机制,让建设性和正能量成为社会的主流声音。三是社会和谐需要凝聚共识。社会主体之间由于价值观和利益分化，导致分歧加大、共识缺乏，给城市治理带来很大困难，必须建立一种各方参与、理性协商、凝聚共识的社会协调机制，以适应城市化过程中社会重构的需要。四是社会参与需要搭建平台。对于许多城市来说，一直缺乏多维度、大范围、互动式的公共参与平台，必须构建这种参与平台，培养社会公众参与治理的责任意识和能力。

在城市治理中，这些社会问题往往矛盾交织，利益诉求多元。解决这些问题不能一蹴而就，只能实施渐进式推动。通过搭建社会协商平台，构建协商机制，把"沟通理解"理念融入电视问政的前期沟通和录制环节。《我们圆桌会》把各参与主体看作利益共同体，在节目过程中坚持"问询"而不"问责"，"评判"而不"批判"，"建设"而不"破坏"，既保持了各参与方在讨论和解决问题方向上的一致性，又不失理性碰撞，达到对社会不良偏好的转化和对不良情绪有效化解的效果。

对于城市治理来说，这种协商交流的做法，既争取了部门支持，也实际推进了工作，促进政府与公众在城市治理上互动合作，从制度建设层面对相关工作进行推动，做到了"不破坏氛围""不伤感情"又"切切实实为老百姓说话"。

二、以协商交流推动城市治理

电视问政栏目《我们圆桌会》围绕特定话题广开言路，通过理性交锋，达成相互理解和谅解，形成社会共识。栏目在对话、交流中进行引导，用"圆桌"的公共说理来消减社会"习惯性质疑"情绪，在不同观点的交锋中，凝聚广泛的社会共识。其基本思路是：以"提出问题—分析问题—讨论问题—提出建议"为主线，发挥电视问政在弘扬"公共理性"中的杠杆作用，把摄像机镜头前的"小圆桌"变成讨论城市公共议题的"大圆桌"。

1.在协商中凝聚共识

2011年8月8—12日，杭州市政府就"第八届全国残运会前夕推出错峰通行的初步方案"征求民意。杭城"错峰通行"措施涉及100多万个家庭的日常出行，争论极大，政府部门面临巨大压力。针对这一舆情，《我们圆桌会》栏目启动电视问政程序，促成相关职能部门官员与各界人士面对面交流，回应公众关切。栏目通过"网络观察员"环节搜集整理了网民的声音，通过网络、电话征集了10多名市民代表走进演播室参与讨论。针对

杭州电视台《我们圆桌会》录制现场

"限行利弊比较""相关配套措施如何完善""如何做到公平公正"等问题,参与各方进行了理性的、深入的探讨。2011 年 8 月 13 日,在方案征求意见结束的第二天,电视问政《错峰通行,利弊几何?》在杭州电视台播出,其中关于"限行利弊"的客观分析引起了广泛的共识。节目提出的"充分发动市民参与""强化公交车优先""完善交通管理的配套措施"等建议被随后出台的正式方案采纳。2011 年 11 月,在措施实施满一个月后,杭州市公安交警局负责人再次联系栏目组,通过《我们圆桌会》栏目向公众反馈"错峰通行"效果,感谢市民的热心参与。

2.在协商中回应质疑

2014 年 3 月,杭州实施小客车限制上牌政策。由于措施出台比较突然,社会上出现了不少负面舆论。对此,《我们圆桌会》连续组织了"小车限牌我们如何理性对待?""杭州限牌如何集思广益"和"杭州的后限牌时代"三次讨论,通过公开、平和、务实、严谨、富有建设性的对话,及时解读出台小车限牌政策的背景,及时疏导"限牌令"发出后的社会舆论、情绪反弹。通过充分讨论,栏目逐渐形成了共识:"限牌"令并非万全之策和长久之策,但是在当前条件下,只能通过"限牌"为地铁建设和交通治堵赢得时间。相关职能部门通过参与讨论,较好地回应了"限牌无用论""限牌过早论""限牌违法论"。这三场电视问政活动引起了积极的社会舆论反响。根据节目建议,在实施"限牌"政策不久,杭州市政府又推出了"停车新政"等配套措施,用经济杠杆优化城市有限的交通资源配置。

3.在协商中助推城市应急

2014年5月下旬,杭州市出现人感染H7N9禽流感。作为城市应急管理的一部分,杭州市政府决定永久关闭主城区所有活禽市场,许多市民对此产生不理解、不支持。《我们圆桌会》邀请浙江农林大学教授、家禽饲养者、农贸市场经营者、工商局市场监管人员、媒体特约评论员以及政协委员等走进演播室,以"冷鲜禽即将上市,如何让市民吃得更安全"为主题开展多次协商。从"冷鲜禽"是否安全、营养,到如何预防禽流感疫情,嘉宾各抒己见,相关领域的专家给予了权威、专业的解读。节目加深了群众对"关闭活禽市场"措施必要性的理解,改变了市民对"冷鲜禽"产品的认识。此外,节目还对屠宰企业切实执行冷鲜禽生产标准、政府如何加大监管力度、如何提供更多冷鲜禽供应点等问题进行了客观分析,提出了可行的政策建议。

三、电视问政的社会协商功能

电视问政的社会协商功能主要体现在7个方面。

1.更有效的公众组织

我国缺乏公民文化的历史传统,西方式公民文化又难以传播,双重因素导致国人的公民意识普遍缺失。在大多数情况下,个人即使有不同意见,也不会去积极追求表达"异见"的权利,习惯于消极服从,而不是积极参与。

作为平台搭建者,媒体的社会影响力影响着协商民主参与面的广泛性。新闻媒体的"公众属性",决定了其在组织各阶层人士参与公共事务研讨时具备着任何组织和力量无法比拟的优势。当前我国协商治理中最大的难题是民众参与渠道不畅。依托受众网络,媒体通过微博、微信、热线电话、观众调查等渠道,有效地找到当事人和参与者,帮助普通市民实现自我表达的需要。

2.更及时的话题选择

及时回应公众关注的热点,是新闻媒体的职责之一。通过其自身编辑功能的发挥,媒体以敏锐的话题把握能力引领舆论的发展。作为舆论引导者和问题发现者,媒体的议程设置不仅影响着特定区域舆论的方向,也影响着事件发展的方向。媒体参与协商民主议程,有利于及时选择合适的话题,用于协商交流,便于协商民主实践贴近群众,促进民生改善。

3. 更公开的协商交流

公开,是协商民主得以实施的重要保障。媒体参与协商民主的过程实际上也是协商民主流程向公众开放的过程。新闻媒体公开传播,有利于协商民主的结果被更多人接受,也有利于各界监督落实协商成果。

4. 更规范的协商程序

由于参与层面的多样性和讨论话题的复杂性,协商民主在具体操作中存在很大难度:要么流于形式、难以深入,要么过于激烈、缺乏理性。出于节目制作专业性的考虑,媒体参与协商民主运作,有利于协商过程更规范严谨。同时,媒体公开传播的过程也便于这一程序不断纠正完善。

5. 更公正的平台提供

这是媒体参与协商民主最重要的作用。新加坡南洋理工大学教授何包钢认为:"协商民主能否成为一种有效的治理机制,关键在于它是否能够构建一个利益协调机制。"在政府、市民和企业等不同界别中,新闻媒体有着联系广泛、公信力强的特性。在各种利益纠葛中,媒体往往能够相对超脱。相对而言,媒体参与并搭建的协商交流平台更容易被大众所接受。

6. 更快速的信息传播

媒体参与协商民主,一个重要任务是传播协商的过程和结果。快速、客观的传播满足了公众的一部分知情权,也是鼓励公众参与社会事务治理的重要因素。

7. 更有效的公民能力培养

在协商过程中,利用公共理性与他人对话,需要与认知和沟通相关的高度能力与技巧。"能力平等"体现着协商民主理论的根本特征。现代思想家梁漱溟曾指出,中国人自古缺乏集团生活,不能够有组织能力,不能做民主团体生活中的一个人。如果缺乏这种能力,得到公平、合法的协商结果的可能性就很小。1991年中国社会科学院新闻研究所在浙江进行了受众的媒介接触与其现代观念的相关性研究，所得结论之一就是：若受众接触媒介频度较高，时间较长，并偏好新闻性内容，则传统观念较少，现代观念较多。实际上，通过大众媒体的传播力，让更多公民了解协商交流的过程，见证理性点滴积累的过程，对于提高公民理性、培养公民能力尤其重要。新闻媒体，尤其是电视媒体通过真实记录"协商前后的点滴变化"，为公众建立信心。无论是普通受众，还是直接参与者，都将从镜头下的协商实践获得潜移默化的影响。随着公共观念、组织能力、法治精神、纪律习惯等现代公民素质的逐步建立，协商民主在基层推动的阻力越来越小，协商决策的质量也就会越来越高。作为参与并推动协商民主的实践的重要形式，电视问政在社会治理中发挥着显著功能。

案　例

《错峰通行，利弊几何？》现场片段

【主持人郑煜】其实不光市民，网友对此也十分关注。我们来看一下网络观察员给我们提供的信息。

【网络观察员】你好，主持人。来听听网友们对杭州错峰出行方案的态度如何。网友"追风人"认为可以推行，因为目前杭州的道路实在是太拥堵了。如果错峰，每天高峰时段可以减少百分之二十的车辆，不仅对缓解交通拥堵有利，对于改善空气质量也有帮助。网友"zhangroc"则对错峰通行方案投了反对票，他的理由是，目前杭州还在实行车牌的自选制度，如果仅仅是简单粗暴地按照车牌号限行，最大的可能就是有钱人家添置第二辆甚至第三辆车，这样反而增加了全市车辆的保有量，造成了浪费。网友"8622"则尖锐地提出，如果杭州要治理交通拥堵，首先要做的不是错峰，而是要降低公车数量。他说在欧美等发达国家和地区的公车数量，都远远少于中国。比如咱们的邻国印度这一点也比中国的情况好得多。网友"W199"的疑问是，虽然错峰方案里写明了早晚高峰时间，但是当限行时间开始后,那些在错峰时间里运行的车辆,是该继续开到目的地呢,还是在原地刹车停止运行呢? 好,我这里的情况就是这样。

【主持人郑煜】网络上、现实中,大家都对目前杭州的高峰期车辆拥堵问题表达了不满情绪。在这儿特别想请教一下贾处,目前杭州早晚高峰到底已经堵到一个什么程度了?

【杭州交警局道路秩序处副处长贾迟军】一般来说,我们经过一部分的统计,早晚高峰的拥堵,相对来说是比较严重的。从比较好的通行状况是在两个红绿灯的灯次以内能够通过路口。

【主持人郑煜】那么现在呢?

【杭州交警局道路秩序处副处长】现在在早晚高峰的时候,有相当一部分交叉口是要等三个红绿灯灯次。

【浙江工业大学教授吴伟强】我给大家提供一个我们最新的研究数据。有两个数据很能说明问题。每公里的车子的数量,杭州是 63.85 辆,北京是 213.6 辆,上海是 141.6 辆,香港是 274.7 辆。而每平方公里的车子数量,请注意,杭州仅仅是算了主城区,上海和北京是算了整个郊区,杭州是 225.32 辆,北京是 275.98 辆,上海是 272.65 辆,香港是 516.3 辆。显然那三个地区的车子密集程度远远高于杭州。杭州的交通拥堵本来就不应该到这种程度。我可以非常生动地解释一下。我把这几个数据放在这里,你们大家可以去看,杭州的状况是最好的。我现在经常有这样的感慨,杭州何以沦落到这么个地步? 要通过限行、禁行这种方式。管理水平太落后了。

【新闻评论员朱成方】刚才这位老师讲得很好。我们为什么不学学香港这些城市呢? 它那么大的密集程度,它通行还很好,我们完全可以提高马路上的通行速度,通过加强管理来增加这 20% 的通行量。

【热心市民宋忠赤】我们来说说香港的这个问题。香港、纽约、东京这个城市,是世界上最大的三个城市。这三个城市从来不会出现拥堵这种状况。他们解决问题的根本办法在哪儿呢? 它是提高公交运输的效率。香港公交的载客率是多少? 是 90% 多。杭州是多少? 杭州公交车统计是 25%,北京现在公交载客率为全国最高,也只有 30%,在欧美的一些大城市,人们的公交出行率都在 50%、60%。

【浙江工业大学教授吴伟强】对于我们杭州,我比较悲观地讲,已经失去了大力发展公交，或者说实施公交优先的契机。

【主持人郑煜】谈了这么久，贾处，大家都在谈论这个东西，好像反对的声音还比较多，你听完以后有什么感想？

【杭州交警局道路秩序处副处长贾迟军】实际上，大家的担心是正确的。

【主持人郑煜】你觉得他们担心哪几点，是你也认同的？

【杭州交警局道路秩序处副处长贾迟军】他们主要是担心我们死捧着错峰限行这么一个措施，把公交或者把别的配套都忘了，或者别的方法都没有了。

【主持人郑煜】应该打组合拳，不应该打单拳。

【杭州交警局道路秩序处副处长贾迟军】对！

（《错峰通行，利弊几何？》片长 35 分钟，杭州电视台综合频道 2011 年 8 月 12 日播出）

第五章 协商平台上的官员：
从"干了再说"到"边干边说"

党政官员通过广播电视等传播载体就"公共话题"与"公众"开展互动交流，既是密切联系群众的需要，也是信息公开的要求，更是协商民主的具体实践。但是，这种"有百利无一害"的好事，在现实推动中却并不顺利。采访官员难，邀请官员到演播室更难，组织官员就社会热点与市民互动更是难上加难。这一现实问题不仅涉及信息公开、依法行政，还涉及媒体运作、公民理性等诸多社会课题。本章以我国两个较早探索协商民主媒体交流平台——杭州电视台《我们圆桌会》、温州电视台《政情民意中间站》为例，分析官员参与媒体互动的运作情况。通过案例分析和访谈法，分析其典型意义和运作中碰到的难题，探析促进官员参与电视问政交流、推动各界理性沟通的路径。

第一节 官媒互动与电视问政

在促进社会各界沟通交流、弘扬公共理性、推动协商民主广泛实施、强化协商民主效果等方面，媒体有着天生的优势。进入 21 世纪以来，在党政主导下，一些地方性媒体，尤其是城市电视台陆续介入协商民主实践。公开传播，多方参与，以协商交流的方式推动并影响决策，是这些实践的基本思路。

一、相关研究综述

如何推动官员参与媒体互动，学术界和实务界不约而同予以关注。2007 年 3 月 15 日到 4 月 27 日，《中国青年报》曾经组织"官媒面对面"系列讨论,共刊发讨论文章 15 篇,除了媒体知名人士、学者之外,一批部级和厅局级官员也以署名文章的方式参与讨论,直面官媒关系中的矛盾。这些文章从信息公开、媒体责任、构建和谐官媒关系等方面,进行了深入分析。

近年来,学术界从官员参与媒体互动的认识问题、能力培养问题等角度进行了探讨。研究者李忠阳认为,官员端正认识是处理公共热点话题的关键。充分了解客观规律并积极主动引领和消弭事态,还是等闲视之、简单处置,进而恐惧逃避,那些冰火两重天的结果并非取决于运气和其他神秘因素,全在认识和把握之间定夺。[①] 在官员能力培养方面,研究者张芹玲探析了"官员面对公众媒体说什么、怎么说"的问题。[②] 研究者廖剑认为,提高党政官员的媒体应对能力有几个要点:建立良好的媒体公共关系,建立高效的新闻发布机制,提高危机事件中应对媒体的能力,提高应对记者的能力,提高应对采访的能力,提高应对负面报道的能力,提高塑造媒体形象的能力。[③]

这些研究更多着眼于"热点事件处理和应对",没有把党政官员与市民、各界人士放在信息传播的同一个背景下考虑,缺乏协商民主视域下的深入研究。实际上,在新媒体的环境下,传播和接受是相互的,而不是单向的给予。只有在互动交流的框架下,才有可能实现传播效果的提升。对于城市治理乃至国家治理来说,获取信息能力的提升、公民有效参与、公共理性的建立、协商民主理念的推行则是信息传播活动的伴随性行为。关注这些因素,才能有效推动媒体传播中的"多界联动",促进治理能力的提升。

二、官员参与协商类电视问政交流现状

在协商民主的视野下,一些媒体正在扮演着平台搭建者、交流组织者、信息传播者的角色,努力推动协商民主制度在国家政权机关、政协组织、党派团体以及基层民主领域逐步健全。由于地方治理的需要和政策实施的区域性等特点,这些媒体参与的协商民主实践多数在某一个城市或者某一

---

① 李忠阳:《官员媒体应对认识问题初探》,《中共合肥市委党校学报》,2011 年第 1 期,第 6—7 页。

② 张芹玲:《政府官员媒体语言表达探析》,《山东省经济管理干部学院学报》,2010 年第 5 期。

③ 廖剑:《领导干部应对媒体能力研究》,《湖南税务高等专科学校学报》,2007 年第 5 期。

个县域进行,其具体的实践方式各有不同。就全国范围来讲,《我们圆桌
会》和《政情民意中间站》是两个比较成熟而且有特色的平台。下文以
2014 年这两个平台的运作情况为例进行具体分析。

1.邀请官员的具体情况

在 2014 年《我们圆桌会》的运作实践中,有市、区(县、市)、街道(乡镇)
共 91 名官员参与节目(见表 5-1)。

表 5-1　2014 年杭州电视台《我们圆桌会》栏目官员参与人数

党政官员组成	参与人数	参与次数
市级领导(副省级市)	1 人	4 次
局级、区县级领导	19 人	各 1 次
处级领导	68 人	其中 8 人参与 2 次,2 人参与 3 次;其余均 1 次.
其他领导(科级等)	3 人	各 1 次
总计	91 人	累计 106 次。

注:这里的党政官员,指党委工作部门的领导或者工作人员,政府职能部门的领导
或者工作人员,其他承担公共职能的国有企业、事业单位的领导或者工作人员。以
下同。

在 2014 年《政情民意中间站》的运作实践中,有市、区(县、市)、街道三
级共 70 名官员参与节目(见表 5-2)。

表 5-2　2014 年温州电视台《政情民意中间站》栏目官员参与人数

党政官员组成	参与人数	参与次数
市级领导(地级市)	2 人	各 1 次,共 2 人次
县级领导	53 人	3 位参与 2 次,其余均 1 次,共 56 人次
科级领导	15 人	均 1 次,共 15 人次
总计	70 人	73 人次

参与交流的党政官员级别也是影响互动质量的重要因素。在电视问
政交流协商过程中,邀请较高级别干部参与,既可以提升节目的影响力,又
有利于体现政策解读的权威性,同时也有利于信息的传达。反之,参与官
员级别偏低,则不利于话题的深入、高效、多层次互动交流。

在 2014 年温州电视台《政情民意中间站》栏目播出的 56 期节目中,共
有 2 位市级领导参与,分别是温州市政协主席、党组书记余梅生,温州市委

常委、宣传部长胡剑瑾，占全部节目的 3.5%。另外有区（县）级领导 56 人次。

在 2014 年杭州电视台《我们圆桌会》栏目播出的 94 期节目中，共有 4 期节目有市级领导参与，占全部节目的 4.2%。2014 年杭州市委副书记、市长张鸿铭先后 3 次借助电视问政栏目与市民沟通，制作播出电视问政节目 4 期，分别是：2014 年 4 月 30 日录制的特别节目《市长问"水"》(5 月 18 日播出)，话题为"如何推动五水共治"；6 月 20 日录制的《2014"对话市长——垃圾围城怎么办"》(分别于 7 月 6 日和 7 月 17 日播出)，话题为"垃圾分类与垃圾处置"；12 月 16 日录制的《2015 民生十件实事，市长听你说》(于 12 月 20 日播出)，话题为"征求 2015 年民生十件实事的意见"，该活动也是当地"为民办实事"项目首次通过电视问政的形式公开征询各界意见。

在《我们圆桌会》的运行实践中，机关处级公务员是参与节目互动的主要群体。这个群体被赋予一定职权，比较年轻，思想开放，表达能力比较强，他们既是决策参与者，也是政策执行者，具有比较大的影响力。局级以上领导参与节目协商交流比重较小，但总数呈上升趋势。

2. 邀请官员的实际难度

2014 年《我们圆桌会》全部 94 期节目中，按照节目设计应该每一期都有党政官员参与，但其中 3 期节目官员缺席，占全部节目的 3.2%(见表 5-3)。缺席的主要原因是党政部门认为"时机不成熟，不便参与"。

表 5-3　2014 年杭州电视台《我们圆桌会》栏目官员参与情况

官员参与	节目期数	占全部节目比例(94 期)
有官员参与	91 期	96.8%
没有官员参与	3 期	3.2%
合计	94 期	100%

2014 年《政情民意中间站》全部 56 期节目中，有 21 期没有党政官员参与，占全部节目的 37.5%(见表 5-4)。其中既有党委政府职能部门不愿意参加的情况，也有部分节目属于资料编辑性质，没有邀请党政官员参与。

表 5-4　2014 年温州电视台《政情民意中间站》栏目官员参与情况

官员参与	节目期数	占全部节目比例(56 期)
有官员参与	35 期	62.5%
没有官员参与	21 期	37.5%
合计	56 期	100%

2014 年《我们圆桌会》全年参与节目的共 91 位嘉宾中,主动参加的为 6 位,占全部嘉宾人数的 6.3% 左右(这是因为有关部门在新政策推出前,希望能够与市民沟通)。尽管栏目组建立了由杭州市委办公厅牵头的联动制度,但在实际运作中,由栏目组出面邀请还是占了绝大多数,由党委办公厅出面协调后参加的有 15 人次,约占总数的 14.1%。

比较而言,在邀请官员参与的难度上,《我们圆桌会》比《政情民意中间站》要小。这与当地官员的媒介素养、执政理念有关,也与栏目主办单位的推动有关。《我们圆桌会》由杭州市委办公厅参与主办,在邀请党政部门参与协商的过程中,碰到的阻力相对较小。

根据对栏目组主创人员的访谈发现,比起创办初期,近些年来党委政府部门对于电视问政交流协商的配合程度有了很大提高,参与官员的级别在提升,邀请官员参与的难度有所下降。

3.官员参与节目的实际效果

通过对温州电视台《政情民意中间站》和杭州电视台《我们圆桌会》节目抽样分析,结合与栏目负责人深度访谈发现,官员参与电视问政交流协商的实际效果可以分为以下 5 种情形。

(1)媒体满意,官员不满意

这种情形多出现在一些质疑性节目中。面对公众和专家学者的尖锐指责,以及党委纪检部门的随时追责,官员们往往"满头大汗"。这一类节目往往注重了舆论监督的效果,却影响了各方互动交流的深度和广度。

(2)官员满意,媒体不满意

这种情形多出现在一些诠释性节目中。任何一起互动交流类的电视访谈节目都带有政策宣传性质。处理好政策宣传、政绩宣扬与民众诉求的比重至关重要。在节目运行过程中,有时会出现被官员"牵着走"的现象,名义上的"交流"流于形式。"由于节目缺乏必要的反馈和监督,容易被认为仍然是一种谈话类的政策宣传。甚至在功能界定上引发质疑,到底是释疑解惑还是信息整合? 促进沟通?《我们圆桌会》早期许多节目在具体的内容设计上,似乎成了单一的释疑解惑,而缺少社会民众的信息整合。节目过于侧重政策宣传,缺少城市治理的民众监督环节。"①

(3)官员满意,媒体也满意

通过节目录制现场的讨论,参与各方达成共识,节目本身传递了丰富信息。

(4)官员和媒体均比较满意

这种情形主要表现为,双方达成基本共识;基本说清情况;但讨论不太深入。

(5)官员和媒体双方都不满意

在节目中,由于官员是迫于压力参加节目的,沟通效果差;官员想说的内容没有得到充分表达,而媒体想要的内容官员无法提供;沟通不畅,节目未能传递有效信息。

三、官员参与协商类电视问政的意义

在城市治理活动中,很多地区的党政官员习惯于"做了再说",决策过程不公开,开始行动之前往往也选择回避媒体。某副省级城市政府办公厅发言人不无遗憾地坦言,在其职业生涯中,曾经担任新闻发言人 5 年,而实际上正式参与的新闻发布活动仅仅只有 2 次。官员缺席,直接导致了公共事务治理中协商交流的信息缺失。"官员不来"和"各界人士不参与"两者之间形成了一种互动关系的恶性循环。在缺乏有效沟通的前提下,社会管理更多地依靠制度的刚性,缺少一个缓和的、理性的、多元的互动地带。改变党政官员不愿意抛头露面、不习惯借助媒体与群众沟通的现象,已是当务之急。

"毋庸讳言,我国的民主法治还在建设中,甚至经济领域市场取向的改革也仍然是政府主导的,因而还是一个正在转型的国家。在这样一个社会

---

① 韩福国等:《从治理制度的建构到治理理念的塑造——基于杭州"我们圆桌会"的分析》,《杭州》,2013 年第 1 期,第 34—36 页。

条件下,官媒关系中矛盾的主要方面无疑在官。"①在各界交流和互动中,官员的身份最为特殊,官员的参与与否,直接影响着其他各界的参与。作为对话中的一个重要的交谈和表达对象,官员在公共事务讨论中的参与至关重要。官员参与电视问政是对社会协商的重要示范,其重要性:一是作为决策者和执行者,官员参与电视问政有利于利益分配更科学、更公开;二是官员拥有大量的政策信息,他们直接参与电视问政有利于更好地满足公众知情权;三是官员参与电视问政有助于协商成果在实际工作中得到落实;四是作为党政机关的代表,官员参与电视问政可以增强活动的权威性,有利于提升媒体的传播效果。

官员坦然走进演播室,与公众直接面对,其行为本身具有很强的正面意义。如果官员表现不俗,更是有利于其在市民和广大受众中建立正面的形象。目前杭州等诸多城市都建立起民众参与的政府及官员考核机制。面对一些热点事件,官员一次或者多次与公众进行良好的互动交流,这往往会产生出乎意料的良好反响。在《我们圆桌会》运作的实践中,在每年年初开始进行大规模的政府绩效考评时,一些政府部门总会主动联系栏目,选择本领域的话题与公众面对,以赢得公众的"印象分"。

第二节 观点面对面:是碰出"火花",还是累积"怨气"?
——以《政情民意中间站》之《好事难办》节目为例

2003 年 3 月 14 日,温州有线电视台(后并入温州广播电视总台)《政情民意中间站》栏目播出了电视问政节目《好事难办》。节目以大胆而富有创意的议程设置,实现了"官民""官媒""官官"之间的有效互动。节目产生的社会效果令人深思。

一、事件缘起:办好事却领来罚单

2003 年 2 月,位于温州市区广场后巷的温州实验中学门前路面出现破损,在与有关部门交涉无果之后,校方决定自行修路以方便学生和周围居民出行。可在施工时,却被温州市行政执法局工作人员发现并制止。执

---

① 鄢烈山:《尊重媒体的权利 它不是仆从》,《中国青年报》,2007 年 3 月 20 日。

法部门认为,校方未经审批擅自开挖道路,属于违法行为,应停止施工并罚款 500 元。而校方认为自己做好事却要受罚,有悖情理,双方产生矛盾。当地报纸报道后,引发了舆论关注。2003 年 2 月下旬《温州都市报》等对此都进行了报道。

二、现场对话:局长直面各方质疑

2003 年 3 月 10 日,在电视问政节目现场,当事双方代表、附近居民、政协委员以及市政、交警部门代表共 30 多人参加了讨论。代表政府职能部门参加讨论的是温州市行政执法局副局长陈伟光。作为当事一方负责人,他在对话中的表现格外引人关注。对此事的基本看法,陈伟光的态度是坚持原则。在节目中,陈伟光共发言 3 次。

在节目开始部分,陈伟光副局长便受到直截了当的质疑。现场实况如下:

【主持人】我们听听陈副局长的意思,您觉得(城管)队员做出这样的处罚,对吗?

【陈伟光】从我们这个角度上讲,我觉得我们的队员没有错。因为他有事实依据,而且按照程序去做了。

接着陈伟光副局长又进一步阐述自己的观点:不能一概而论,做好事也要讲法度,也要讲规矩。[①]

其鲜明的观点代表了政府部门立场。随后,政协委员、现场观众、专家以及其他当事人据此展开了深入探讨。根据讨论进展,陈伟光副局长又 2 次发言,回应各方质疑。

整个讨论内容涉及该"行政处罚"的四个核心问题:一是有没有事实依据? 二是其程序是否合法? 三是适用法律是否得当? 四是处罚之后的社会效果好不好?

对于第一个问题,各方有分歧,但也有部分共识:施工现场确实是在填补水坑,但填补之前有一个"开挖"的过程,开挖是为了填补。如果对现场施工认定为单纯的"填补",则行政处罚事实不清,应当改正。如果认定现场施工为"开挖"加"填补",则行政处罚具有一定合理性。

---

① 《政情民意中间十周年节目精选》,2012 年 6 月版,温州市政协内部资料,第 1—9 页。

讨论至此,陈伟光副局长的立场略有转变。

【主持人】我想问陈副局长,对于这个处罚决定,你们还坚持吗?

【陈伟光】这件事报纸报道以后,我们局里很重视,做了几个决定:第一,强调执法队伍要树立为民执法的思想;第二呢,对凡是属于公共的、公益性的一些行为,在处理上注重实效,注重整改,一般不做处罚;第三,如果遇到这种为公共事业开挖路面、情况有比较严重的,报到市局由市局审批。这样的话就可防止我们的队员简单执法。

【主持人】那你们这个处罚还坚持吗?

【陈伟光】我想听听大家的意见,我再表态。

对于第二、三两个问题,现场具有一致意见,没有争议——也就是说,大家认可程序合法、法律依据得当。至此,双方观点不相上下,比较均衡,谁也没有说服谁。

关键环节在于对第四个问题的讨论。对于"处罚之后的社会效果好不好",现场嘉宾的分歧比较大。按照政府部门的意见,在前三个问题成立的情况下,进行处罚是顺理成章的事。但是,在场其他嘉宾认为做"好事应该有好报",不处罚为好。

现场的出租车司机、交警、自来水公司和市政部门的人员、政协委员分别从自身出发,充分表达观点,支持"不处罚"。其中"拖拉机进城运送病人被交警放行"等事实很有说服力。

现场对于第四个问题的充分讨论,使得行政执法部门的观点发生了变化——大家倾向于不处罚。

节目快结束时,陈伟光副局长在第三次发言中改变了观点。现场如下:

【主持人】我们讨论了很多。下面再请陈副局长讲一下,这个事情该怎样处理? 这个处罚还要坚持吗?

【陈伟光】今天的讨论我觉得非常有意义,通过讨论启发了我们该如何为民执法,也请大家进一步理解我们执法部门的执法难。至于这件事,局党组有个决定,既然是做好事,属公益事业、为群众办好事,我们不做处罚。我们会对这个处罚进行重新调整。

【主持人】还罚不罚?

【陈伟光】我认为不处罚,社会效果会更好,而且今天这场讨论将会进一步促进我们执法水平和队伍素质的提高。

很显然,作为政府部门代表,其改变的理由不是事实不清,也不是法律适用不当,更不是程序不合法,而是最后一点"社会效果"。

同时,大家也对法律问题进行了解释:可以认定事实为"填补水坑",因为法律条文"没有规定填补需要审批"!

三、协商成果:"公开应对"赢来舆论逆转

在这场官媒互动交流中,双方通过一个小时的现场交流,不仅没有累积"怨气",反而碰出了许多"火花",达成了共识。对于普通市民以及原先被罚的当事人来说,这一结果无疑是令人满意的——其主张得到了采纳,行政处罚被撤回,社会舆论得到平息。对于政府部门来说,其收获也很大,至少有以下 3 个方面:

(1)比较好地解释了曾饱受争议的处罚措施,回应了"乱作为"质疑。

(2)宣传了城市管理中的相关法律法规。

(3)体现了政府部门处事的人性化一面,树立了亲民、为民服务的良好形象。

这一案例在当时的温州各界尤其是政府部门中产生了强烈反响。陈伟光副局长在电视上公开表态纠正处罚的行为得到很多人的理解,其言论也在上级和同僚中得到认可。

2012 年 7 月,事发近 10 年后,在《政情民意中间站》开播 10 周年特别节目的现场,栏目组请回了陈伟光。此时他的身份是温州市政协秘书长。以下是他接受访谈时的实录。

【主持人】我想问一下现在的陈秘书长,当时的"陈副局长"在走进《政情民意中间站》的时候,最担心的是什么?

【陈伟光】没什么担心的。

【主持人】没什么担心的?

【陈伟光】是啊,我觉得群众有质疑,我们执法队员应该是这么做的(走进演播室),我们做错了就要改。

【主持人】当时作为相关部门的负责人,来到节目的现场去倾听民声民意,这样的经历,对您来说有什么样的感触?

【陈伟光】非常好! 通过这个栏目直接听到群众对我们的质疑,而且这

种质疑比较尖锐。现在都是说好话的多,但是群众对我们的执法不满意,我觉得(走进演播室)能够听到百姓真实的一些情况,所以当时我能够在台上表态撤销处罚,重新做决定。同时通过这个事情,提高我们队伍的执法水平。(当时是)局长、我们(班子成员)一起商量的这么一个答复。

这一段访谈不仅表明了一位开明官员对参与官民互动的理解,也透露了一个重要信息,即在陈副局长参加节目前,已经得到授权,可以表态撤销处罚。

四、对官员参与协商类电视问政交流的思考

为什么温州市行政执法局不像许多单位惯常采取的措施一样——直接撤销处罚,而是到电视台参与互动交流之后再表态呢? 其核心在于有效的电视问政组织架构和便于多方参与的运作理念。

1.政治考量

对于电视台的邀请,政府职能部门可以选择"接受"也可以选择"拒绝"——毕竟,是否走进演播室更多取决于部门自身的态度。但是,对于该栏目的另外一个主办者——温州市政协的邀请,职能部门的选择却不得不做一番政治考量。实际上,在该案例中,正是温州市政协领导的出面协调才推动了多方互动协商的局面。电视台与市政协合作创办公共议事平台,获得了重要的政治资源。

2.框架效应

依据传播学理论,"新闻媒介可通过选择并突出现实中的某些特征、忽略另外一些特征来影响受众。具体表现为界定问题、提示原因、建议行动等"①。在此前的舆论中,大众媒体突出了"执法效果"这一事物特征,其报道的主题为:学校师生做好事却要受罚。由于其与传统观念的巨大差异性,其新闻价值很高,迅速成为热点话题。在这一"框架"下,受众普遍产生了"执法局荒唐执法"的信息判断。但是,如果从法律层面的事实依据、法律程序、适用法律等诸环节综合考量,此事则可以得出另外一个完全不同的结论。作为协商渠道,《政情民意中间站》栏目提供了公开交流的平台,

---

① 张国良:《传播学原理》,复旦大学出版社 2012 年第 2 版,第 266 页。

为改变此前的议程设置,进而改变舆论导向,提供了充足的可能性。

3.部门诉求

在公开回应此事之前,"学校师生做好事却领罚单"的新闻事实已经被报纸、广播等媒体披露。由于缺乏有力的回应,温州市行政执法局实际上正处于舆论的漩涡中。作为行政执法部门,通过媒体主动发声也不失为一种积极的选择。实际上,温州市行政执法局很好地利用了这次机会:既讲清了做出行政处罚的行为"正当性",也讲清了撤销行政处罚的"合理性"。在"充分解释"和"理性纠正"之后,政府部门在现场赢得了掌声,在舆论危机处理中赢得了"加分"。

第三节　电视问政协商中官员参与的难度及对策

如前所述,电视问政平台在邀请官员参与时常常遇到各种困难。在相当一部分节目中,需要经上级机构协调党政官员才能参与电视公共交流。官员参与媒体公共话题讨论时,到底会受哪些因素制约? 针对这一问题,2017 年 5 月笔者进行了访谈调查。访谈活动以杭州市、温州市两地的局级和处级官员为对象,问题主要涉及三个层面:官员自身、党政机构、舆论环境。

一、制约官员参与电视问政交流协商的因素

1.影响官员参与公共话题讨论积极性的客观因素

就个人来讲,官员在以下 4 种情形下不愿意参加媒体讨论。

(1)上级未授权

在领导不认可或者意愿不明确的情况下,本着"多一事不如少一事"的"官场哲学",官员不会主动参与媒体讨论。

(2)时机不成熟

对于具体部门和机构来说,一些问题被媒体关注后,在后期解决过程中更容易遇到困难。如果媒体不关注,可以按常规的工作进程处理。媒体一关注,势必造成工作被动。依据传播学"议程设置"理论,大众媒体虽然不能决定公众"怎样想",但是却可以影响公众"想什么"。在具体话题的选

择上,媒体将发挥其重要作用。当"政府的关注点"与"媒体的关注点"不能重合时,邀请官员参与公共话题讨论,进而展开协商交流,实际上是企图说服政府部门放弃自身的"议程设置",其难度可想而知。

(3)新闻媒体失范

在披露相关信息时,一些新闻媒体断章取义、以偏概全,甚至故意混淆事实。"把小事炒成大事,把谎言炒成真理,把问题炒成难题的情形屡见不鲜。"[①]存在乱监督、滥用媒体公权力的现象。类似案例的出现使得官员对媒体敬而远之。有些时候,有些地方,政府与媒体之间关系不良,甚至"交恶",原因就在于媒体缺乏理性,自我炒作。

(4)缺乏有力的法律保障

2008年5月1日起施行的《中华人民共和国政府信息公开条例》中规定,行政机关对"涉及公民、法人或者其他组织切身利益的""需要社会公众广泛知晓或者参与的"政府信息应当主动公开。近年来,各级政府和党政官员仍然没有能完成由"被迫公开信息"向"主动及时公开信息"的转变。

(5)缺乏动力机制

公信力是政府通过自己的行为得到社会公众信任或认可的能力,是政府软实力的一种,对整个社会信用建设具有导向作用。由于舆论环境不理想,在公信力建设上政府尚不能从媒体互动中直接受益,积极性自然大打折扣。

2.影响官员参与公共话题讨论积极性的主观因素

(1)担心说错话

由于话题讨论的公开性,"因言获罪"的可能性不能说没有。作为具体参与者,官员参加媒体公共话题讨论,必然有所顾虑。如果说对了,仅仅是代表机构来履行职责,属于正常职务行为。但如果说错了,或表达欠妥,被媒体公开后则很难挽回影响。在官员中普遍存在这样一种认识:"不说不负责任,说少了少负责任,说多了多负责任,说错了自己负责任。"就官员个人来说,同样是"完差",去媒体参加公共事务讨论,风险太大。

官员自身不愿意参加媒体讨论,重要的因素是官员媒介素养差,"与媒体打交道的能力"缺失。许多官员在面对百姓时,在大众传播语境下不太

---

① 张农科:《猎奇式的批评是不负责的哗众取宠》,《中国青年报》,2007年3月15日,第2版。

会说话。比如，原铁道部新闻发言人说"至于你信不信，反正我信了"，这种强词夺理、自说自话式的表达只能加深鸿沟，无法实现良好的沟通效果。

（2）担心成为被"舆论监督"的对象

舆论监督是媒体的天职，质疑是媒体的固有思维。对于一些复杂的事件，从不同的视角出发，完全可以找出批评、质疑的理由。这是官员担心的主要原因之一。

（3）有灰色地带

一些问题其实并不难解决，但是由于涉及复杂的利益关系，甚至是隐形腐败，问题就变得异常复杂。对于这一类问题，官员在面对媒体邀请时，总会千方百计推辞。例如，《我们圆桌会》曾多次邀请某局官员就一项民生事件进行探讨，但始终被拒绝。后来发现，该局分管领导因涉腐而"落马"了。

（4）缺乏充要条件

从政府信息公开的角度来说，公开的渠道很多，不一定要通过媒体的具体节目来展开。从倾听民意的角度来说，从理论上讲，倾听的渠道包括群众接待、信访、听证会等很多种，也不一定要通过媒体来搜集民意。当然，媒体会有助于政府部门做好这些事，但是在"存在风险"和"更好"之间，部门会下意识地选择规避风险。

二、官员参与电视问政交流协商的动因

官员不乐于参与媒体公开讨论，说到底是属于"懒政"范围。解决这一问题，需要多重力量的推动。

1. 推动官员参与电视问政交流协商的外部因素

党的十八届三中全会通过的《中共中央关于全面深化改革若干重大问题的决定》明确提出，要"更加注重健全民主制度、丰富民主形式，从各层次、各领域扩大公民有序政治参与，充分发挥我国社会主义政治制度的优越性"[1]。而公民有序参与的前提是党政官员的诚意互动。博客、微博、论坛等社会媒体迅速发展后，封堵舆论几乎不可能了。在信息如此发达的今天，想隐瞒什么，比不做错什么更难。"在政府与公众之间，新媒体日益成

---

[1] 《中共中央关于全面深化改革若干重大问题的决定》，2013年11月12日。

为沟通两者的新渠道,并在两者之间承担着对政府公信力放大和消减的作用。"①对于那些实实在在存在的社会问题只能直接面对。由于以网络为代表的新媒体自身的特点,政府新媒体理念的落后、官员对网络舆论反应不及时和信息发布欠权威,往往使社会公共事件向不利于政府部门的方向发展。

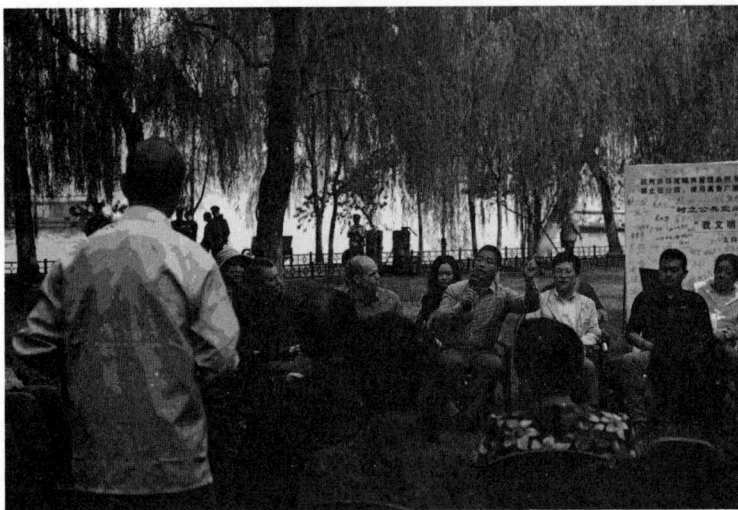

杭州电视台《我们圆桌会》录制现场

2.官员参与协商交流的内在因素

不可否认,在某些情况下,官员也会乐意参加节目,甚至主动参与节目。毕竟大众媒体可以给官员提供他们所想要的东西——对政策或者政绩的宣传。考虑官员们的期待,保护官员参与公共协商交流的积极性,也是必要的、现实的选择。

那么,在哪些情况下,政府部门会积极参与节目? 哪些情况下党政官员及其所在机构会主动借助媒体与公众沟通呢?

(1)宣传工作成绩

这属于经验总结型。一些部门单位在经过探索后,某项工作取得了阶段性成果,希望公之于众,而恰巧这些问题又是市民所关心的,在这种情况下,官员会选择主动走进演播室。当然,在宣传成绩的过程中,往往也会涉

---

① 赵娜:《新媒体环境下地方政府公信力研究》,西北师范大学硕士论文,2012 年。

及矛盾剖析、信息披露、热点回应等环节。

（2）助力化解矛盾

这属于情况交流型。在城市管理中，不少问题的解决需要得到市民的理解和支持。此时，利用媒体平台，主动说清情况，争取理解，是政府部门的重要动力。典型节目有 2013 年 12 月 22 日杭州电视台综合频道播出的《错峰通行，要不要再升级？》。

（3）推动政策落实

这属于政策宣讲型。政府部门在出台新政策时，最担心的往往是公众不知情，公众不关心，以及由此导致的措施落实难。新政策既需要市民了解，也需要其他相关部门配合。在这种情况下，媒体成了宣传政策、推动政策落实的有效渠道。

显然，官员主动参与节目往往有着自己明确的诉求。媒体与官员关注共同话题，是官员愿意来参加节目的主要前提，但是这并不意味着官员与媒体的目标一致。在录制节目的过程中官员与媒体的侧重点往往会出现差异，最典型的情况就是，原本互动的节目变成了官员"独自秀"。因此，处理好"媒体议程"与"政府（官员）议程"之间的矛盾，也是电视问政（或者称公开协商类节目）的重要课题。对此后文会详细论述。

此外，为了维护与媒体之间的良好合作关系，政府部门（官员）在不受其他因素影响的情况下，也会考虑参与媒体公开讨论。但前提是，为了下一次更好地合作，推动自身所在部门所管辖事务的顺利落实。

三、电视问政交流协商谈话氛围的营造

党政官员与民众互动不是太多了，而是太少了。对于媒体来说，鼓励、吸引更多的党政官员参与公共事务讨论，需要做出不懈的努力。如果媒体对官员的亲民言行、务实举措多一些倡导，就会正向强化官员更多的"民主风范"和"民主人格"，社会就会更多一些向上的共识和凝聚力。保护这份积极性对于促进官民交流、促进社会良性发展有重要意义。从理念层面和操作层面来说，这一点可以概括成以下 4 个关键词。

1. 彼此肯定

"温和的尖锐""建设性的探讨"是许多协商类电视问政栏目的运作理念。所谓"温和的尖锐"是指话题的指向是尖锐的、直奔核心的，但是在态

温州电视台《政情民意中间站》录制现场

度、语气、交流的方式上回避正面碰撞。所谓"建设性的探讨"是指所有交流都以问题解决为指向，避免为了质疑而质疑。而落实到具体操作层面就是，对于每一个坐到演播室里的嘉宾，都以其拥有"积极寻找问题的解决"的态度为前提。在彼此肯定的基础上，对于每一个参与者，栏目均保持应有的尊重。任何人身攻击、讽刺、揣测都是不被提倡的。

在电视问政类栏目的运作过程中有一条"不成文的"约定，不管是哪个部门来参加节目的官员，参加节目时一定说出了自己想说的话，在参加完节目回家的路上，心情是舒畅的，至少是不受委屈的。这是栏目组的底线。

2.理性交流

理性交流，不仅是人际交流中起码的准则，同时也是大众传播活动的底线。对于互动参与类节目来说，各方的参与都是彼此认可的。这是前提。想要提高各方参与的积极性，应努力减少各参与方，包括官员在内的言论"风险"。

在公开、互动的平台上展开问责批判和道德批判，必将带来舆论的失衡，这是极其可怕的。太多的事实表明，失去理性的批判最终使话题探讨演变成了单纯的观点争辩。结果不仅无法体现"推动城市治理"的导向，而且还偏离了理性、公正、民主的现代事务治理原则。

至于官员失责、失职则属于行政监察的范围,媒体和公众可以以正常的、法律授予的渠道予以主张,而不必在公开交流的舞台上借助舆论的力量去实现,那会得不偿失。一句话,就是要减少官员参与节目的"风险"。

在杭州电视台《我们圆桌会》栏目中,6年来参加节目的官员累计达到1100多位,从未出现过因为上节目表现欠妥,继而受到上级处理、批评的案例。在节目现场,官员受到正面质疑的次数也屈指可数,6年时间里只有不到10次,绝大部分公开互动交流是在平等、平和、理性的氛围中展开的。

3.议程把控

在电视问政节目中,党政干部发言的机会较多,具有较大的话语权。如果不予把控,就会使节目沦为"官员秀",陷入官场思维,无法起到沟通情况、交流观点、促进共识的作用。而如果过多控制,又会让官员产生畏难情绪,甚至采取抵制态度。处理好"媒体议程"与"政府(官员)议程"之间的矛盾,关键在"现场谈话进展"的把握。

(1)少问责任,多问矛盾背景

电视问政节目是大众传播与人际传播的双重互动,彼此肯定的谈话氛围很重要。当然这不是对"政绩"的肯定,而是对彼此对特定话题共同关切的肯定。实际上如果展示背景,剖析矛盾,许多问题不言自明。

(2)少问具体措施,多问利弊权衡

在协商交流的现场,当事人和市民代表往往急于探寻"答案",迫切希望官员"当场表态"。实际上,行政决策有其自身的严谨体系,不是"拍脑门"就可以敲定的。除非事前已经被授权,官员很难现场做出决策。作为决策和执行机构的代表,官员熟知相关情况以及利弊权衡,在这方面其发言权无可替代,应该让官员在特定话题的这个领域重点发挥。

(3)少给大段发言机会,多组织随机交流

由于长期习惯于会议式交流,目前官员在参与公共话题讨论时常常"不会说话"。一方面是严谨的官场表达,一方面是民间口语,语态上的差异常常造成彼此隔膜。在具体运作中,应该杜绝官员大段演讲式发言,组织更多的随机交流。让互动交流的"谈话"回归到"谈话"本身,而不是"电视版"的部门会议。

四、推动电视问政官民互动的路径设置

1. 完善官员参与电视问政的运作流程

为推动政府部门积极参与,《我们圆桌会》栏目设置了政府参与的联动流程:根据部门职责,通过公函(起先是由市委办公厅发函,形成一定影响后,为了避免造成强令参与的感觉,改由栏目组自行发函)邀请相关部门参与节目。这一做法值得借鉴。在电视问政平台搭建过程中,应建立起上级通过参与、栏目组正式邀请和部门主动参与等多重渠道,充分发挥媒体和政府部门的能动性。

2. 健全政府信息公开制度

扁平化是网络信息时代的主要特征。但是由于行政体制的巨大惯性,政府信息公开在操作层面仍有待突破。对于信息公开制度的落实,尚缺乏有效的监督机制,政府信息公开的程度远远不能满足公众需求。一些行政机关敷衍应付的情况依然存在,实际上"保密"多于"公开"。

3. 提升官员媒介素养

原中国广播电视协会常务副会长张振华认为:"所谓媒介素养,就是你怎么看待媒体,你怎么对待媒体,你怎么使用媒体。现在(党政官员)要习惯于在媒体和社会的监督下执政。我认为这是中国的一个大趋势,各级领导干部应该有这样一种觉醒,有这样一种思想准备。"[1]各级领导干部要提高"媒介素养",一方面应进行专门培训,培训官员学会面对媒体和公众的意识、方法、技巧;另一方面应搭建合适的媒体平台,帮助官员在与媒体的互动中掌握规律,提高执政水平。尤其是帮助官员掌握和运用新闻传播规律"把人民群众的各种不同意见进行梳理,并引导到正确的方向上去"。[2]

4. 建立表彰鼓励制度

2012 年 12 月,杭州市委办公厅曾首次对杭州市经济和信息化委员会等 20 个《我们圆桌会》优秀联动单位以及一批优秀个人进行表彰,以鼓励其在本年度中对媒体公共议事平台的重视和支持。党委政府对于下属部

---

① 张振华:《在温州市政协〈民主监督 创新之路"高峰论坛〉上的发言》,2012 年 6 月 20 日。
② 胡瑞庭:《在温州市政协〈民主监督 创新之路"高峰论坛〉上的发言》,2012 年 6 月 20 日。

门单位密切联系媒体的行为进行表彰，这一做法在国内尚不多见。

对于参与互动的政府部门如此，对于媒体其他参与协商的各方主体也都是如此。长期关注官民互动的社会学研究者认为，宽松、积极的政治环境极为重要。"政府多点宽容、多点包容，讲对了有奖励，讲错了也不要惩罚，这样就会形成很好的互动关系。"①

5.注重跟踪落实效果

根据对《我们圆桌会》和《政情民意中间站》两个协商平台的跟踪调查，我们发现，落实机制尚未建立。节目上参与各方相互理解，但是节目后的治理绩效如何，缺乏必要的反馈和监督。在很多情况下民众所提意见和建议未必会被接受和采纳；有些意见得到落实也未能及时追踪、公布；一些意见建议即使得到落实，但是往往也因人而异、因时而异，存在随机性。

只有提升公共协商交流平台的协商质量，注重对民意的尊重，才能累积信任，逐步改善舆论环境，从而为一种包容、轻松、彼此肯定的官民互动参与机制打下基础。对于媒体和社会学研究者而言，追踪公共协商交流成果的落实情况，分析政府对相关意见的采纳过程和治理效果，十分必要。

6.强化法律法规意识

按照《政府信息公开条例》的要求，不断提高政府工作的透明度。尤其要加强政府部门"涉及公民切身利益的""需要社会公众广泛知晓或者参与的"等事项的公开。

官员参与公共媒体平台讨论，实际上是政府与媒体的互动。"在这一过程中，政府树立起了自身形象，媒体也借此扩大了自身影响。实现了政府依靠媒体，媒体服务公众，公众信任政府，这种共生共荣的多赢效果。"②

随着官员、市民和社会各界的参与，媒体正从"大众传播平台"演变为一个更大的"政治互动空间"。就决策过程来看，这些互动交流拓展了协商民主渠道，为公民开启了参与的空间，政治治理由此得以拥有更坚实的公民基础。依据罗尔斯的"合宜得体的协商等级制"（decent consultative

---

① 毛丹：《架起政民沟通的桥梁——〈我们圆桌会〉专家研讨摘录》，内部资料《〈我们圆桌会〉350 期回眸》，第 122 页。

② 武和平：《让媒体说话，天塌不下来》，《中国青年报》，2007 年 4 月 20 日，第 2 版。

hierarchy)理念,"(这个政治制度)能够为所有的公民提供机会,可能通过自由联合来考虑自己的利益,表达政治不满,并要求官员站在共同利益的角度对其决策做出公开的说明。但是,公民不能行使法规之外的权力或者无权选择公共官员"①。

附1

温州电视台《政情民意中间站》2014年播出目录

2014 年 1 月 5 日　　留出生命救援通道,到底有多难

2014 年 1 月 12 日　　民营医院,迎来春天

2014 年 1 月 19 日　　城市创卫,你参与了吗

2014 年 1 月 26 日　　提振温州商圈,路在何方

2014 年 2 月 2 日　　盘点 2013

2014 年 2 月 9 日　　为体育活动穿件防护衣

2014 年 2 月 16 日　　一份提案的产生

2014 年 2 月 17 日　　两会特别节目:信息时代,委员履职如何与时俱进

2014 年 2 月 18 日　　两会特别节目:温商回归,如何落地

2014 年 2 月 19 日　　两会特别节目:只生一个好,居家谁养老

2014 年 2 月 20 日　　两会特别节目:找市场还是找市长

2014 年 2 月 23 日　　我是政协委员

2014 年 3 月 2 日　　你支持延迟退休吗

2014 年 3 月 9 日　　市民卡,好用吗

2014 年 3 月 16 日　　聚道德正能量,做最美温州人

2014 年 3 月 23 日　　公益人才能不能拿高薪

2014 年 3 月 30 日　　关注来自星星的孩子们

2014 年 4 月 6 日　　酒后代驾,你放心吗

2014 年 4 月 13 日　　广场上跳出的难题如何解

2014 年 4 月 20 日　　城市危房,如何解危

2014 年 4 月 27 日　　破解"单独两孩"办证难

---

①　何包钢:《协商型民主化:一种迈向民主的道路》,中央党校《学习时报》,2014 年。

2014 年 5 月 4 日　来自民间的博物馆

2014 年 5 月 11 日　家门口的社区医院,你去过了吗

2014 年 5 月 18 日　休闲农业如何引路

2014 年 5 月 25 日　水上巴士为何叫好不叫座

2014 年 6 月 1 日　菜价贵在哪儿

2014 年 6 月 8 日　聚焦警长治水,走进城市河道

2014 年 6 月 15 日　我是义工

2014 年 6 月 22 日　美丽水乡　梦里浙南

2014 年 6 月 29 日　你的家庭低碳吗

2014 年 7 月 6 日　告别"城市看海"难吗

2014 年 7 月 13 日　亮剑动车南站黄牛黑车整治

2014 年 7 月 20 日　振兴实体经济　创建工业强市

2014 年 7 月 27 日　消防审批验收,难吗

2014 年 8 月 3 日　追缴停车收费"板凳团"

2014 年 8 月 10 日　体验交通,关注民生

2014 年 8 月 17 日　你的信用要被记录了

2014 年 8 月 24 日　谁说温州不时尚

2014 年 8 月 31 日　保供水,保量更需保质

2014 年 9 月 7 日　青年治水公开课

2014 年 9 月 14 日　慈善可以策划吗

2014 年 9 月 21 日　彰显特色　创新前行

2014 年 9 月 28 日　瓯剧,在坚守中创新

2014 年 10 月 5 日　"机器人"来了?

2014 年 10 月 12 日　记忆去哪了?

2014 年 10 月 19 日　发展网络经济　助推时尚之都

2014 年 10 月 26 日　我们的节水空间还有多大

2014 年 11 月 2 日　看见生活　陈设时尚

2014 年 11 月 9 日　温商治水　资智并用

2014 年 11 月 16 日　与世界握手——华侨与公共外交论坛

2014 年 11 月 23 日　莫让煤气罐成为"定时炸弹"

2014 年 11 月 30 日　改革试验田　中国模范生

2014 年 12 月 7 日　保护大罗山　你行动了吗

2014 年 12 月 14 日　我们一起对家暴说不

2014 年 12 月 21 日　最严控烟令，来了

2014 年 12 月 28 日　牛山工程还牛吗

（《政情民意中间》栏目每周播出 1 期，"两会"期间另外制作了 4 期特别节目，2014 年共播出 56 期）

附 2

杭州电视台《我们圆桌会》栏目 2014 年播出全部目录

2014 年 1 月 4 日　今年春节您还放烟花么？

2014 年 1 月 5 日　"杭改十条"将带来哪些改变？

2014 年 1 月 11 日　"新春欢乐颂"如何惠及更多群众

2014 年 1 月 12 日　大气重污染应急预案　如何落实到位？

2014 年 1 月 18 日　改革创新，人大如何保驾护航？

2014 年 1 月 19 日　单独两孩该怎么生？

2014 年 1 月 25 日　社会化管理，如何让企退人员安享晚年？

2014 年 1 月 26 日　会所，如何"三还"于民？

2014 年 2 月 8 日　政协岗位建功，履职为民（上）

2014 年 2 月 9 日　政协岗位建功，履职为民（下）

2014 年 2 月 15 日　"两会"治堵

2014 年 2 月 16 日　给杭州一片蓝天，要做哪些事

2014 年 2 月 22 日　冷鲜禽上市，我们准备好了么？

2014 年 2 月 23 日　如何提高饮用水质量

2014 年 3 月 1 日　让人欢喜让人忧的打车软件

2014 年 3 月 2 日　老年食堂，该谁来办？

2014 年 3 月 8 日　五水共治

2014 年 3 月 9 日　城西防涝，如何让居民家中不进水？

2014 年 3 月 15 日　新消法如何为消费者保驾护航？

2014 年 3 月 16 日　城市治污，如何截住生活污水源头？

2014 年 3 月 22 日　如何保卫"舌尖上的安全"？

2014 年 3 月 23 日　政府晒权，谁来理清这张"单"？

2014 年 3 月 29 日　小车限牌，我们如何理性对待？

2014 年 3 月 30 日　五水共治，如何让城市不在涝？

2014 年 4 月 5 日　关注杭州市级公立医院综合改革

2014 年 4 月 6 日　杭州限牌如何集思广益

2014 年 4 月 12 日　如何让城市"容颜"更美？

2014 年 4 月 13 日　公办养老院定价能否改一改？

2014 年 4 月 19 日　科学防癌，你不知道的那些事

2014 年 4 月 20 日　如何保证老旧房屋安全

2014 年 4 月 26 日　杭州爱乐 5 岁了

2014 年 4 月 27 日　冷链体系如何让冷鲜禽更安全？

2014 年 5 月 10 日　杭州的后限牌时代

2014 年 5 月 11 日　新时期下，我们需要什么样的干部

2014 年 5 月 17 日　你有一个怎样的青年梦

2014 年 5 月 18 日　圆桌会特别节目：市长问水

2014 年 5 月 24 日　冷鲜禽即将上市，如何让市民吃得更安全？

2014 年 5 月 25 日　节水，我们如何做得更好？

2014 年 5 月 31 日　家庭教育，如何告别"不打不成器"？

2014 年 6 月 1 日　城市饮用水安全如何保障？

2014 年 6 月 7 日　"大关经验"如何破解老小区交通"两难"？

2014 年 6 月 8 日　西湖景区"会所"如何转型？

2014 年 6 月 14 日　守时公交，如何才能真正"守时"

2014 年 6 月 15 日　法律法规"体检"结果如何？

2014 年 6 月 21 日　偷倒建筑垃圾，为何屡禁不止？

2014 年 6 月 28 日　地铁施工"扰民"，我们该如何面对？

2014 年 6 月 29 日　湖滨路步行街　如何让美丽继续？

2014 年 7 月 5 日　溢出效应，低中签率背后的思考

2014 年 7 月 6 日　"三化四分"，如何打赢垃圾处理攻坚战？

2014 年 7 月 17 日　如何实现垃圾的减量化？

2014 年 7 月 19 日　科技创新，如何助力"五水共治"？

2014 年 7 月 20 日　人性之美如何激发

2014 年 7 月 26 日　政协大数据与提升现代服务业

2014 年 7 月 27 日　运河申遗后的变与不变

2014 年 8 月 2 日　如何读懂杭州世界遗产?

2014 年 8 月 3 日　智慧经济,杭州再出发

2014 年 8 月 9 日　公交安全如何升级?

2014 年 8 月 10 日　今夏,杭州能否不再"看海"?

2014 年 8 月 16 日　如何更好地推进垃圾分类?

2014 年 8 月 17 日　如何让垃圾分类走进人们的心里?

2014 年 8 月 23 日　小区"揪心"的流浪猫

2014 年 8 月 24 日　签约全科医生,你愿意吗?

2014 年 8 月 30 日　网上订餐遭遇黑作坊怎么办?

2014 年 8 月 31 日　照料中心如何吸引老人?

2014 年 9 月 6 日　政协视点——农村生活污水如何治理?

2014 年 9 月 7 日　停车收费新政实行之后

2014 年 9 月 13 日　杭州水价该不该调?

2014 年 9 月 14 日　公交专用道新政,影响几何?

2014 年 9 月 20 日　我们需要什么样的老师?

2014 年 9 月 21 日　大气污染防治立法草案,你怎么看?

2014 年 9 月 27 日　社区老年食堂,路在何方?

2014 年 9 月 28 日　阿里巴巴美国上市,会给杭州带来什么?

2014 年 10 月 11 日　阶梯水价方案如何更细化?

2014 年 10 月 12 日　清水治污,如何让河水常清?

2014 年 10 月 18 日　杭商,一个时代的风骨和精神

2014 年 10 月 19 日　招引"千里马"为何那么难?

2014 年 11 月 1 日　微公交背后的冷思考

2014 年 11 月 2 日　政协视点:民众对西博会有何期待?

2014 年 11 月 8 日　如何根治"两非"车辆?

2014 年 11 月 9 日　垃圾与文化的碰撞

2014 年 11 月 15 日　"电的"大军出没,该怎么办?

2014 年 11 月 16 日　人大视窗:把脉义务教育,资源如何更均衡?

2014 年 11 月 22 日　西湖蓝,我们如何留住你?

2014 年 11 月 23 日 环境治理,如何向黄标车说"不"?

2014 年 11 月 29 日 快递垃圾,谁来处理?

2014 年 11 月 30 日 政协视点:地铁时代来临 百姓有何期待?

2014 年 12 月 6 日 快递垃圾,谁来处理?

2014 年 12 月 7 日 人大视窗:关注首个国家宪法日

2014 年 12 月 13 日 公交也能"私人定制"你心动了吗?

2014 年 12 月 14 日 如何给科技工作者"家"的温暖?

2014 年 12 月 20 日 民生十件实事——市长听你说

2014 年 12 月 21 日 垃圾清运新模式,如何完善?

2014 年 12 月 27 日 春节,让爱回家

2014 年 12 月 28 日 电梯安全谁来保障?

(《我们圆桌会》栏目每周播出 2 期,逢节假日停播,2014 年共播出 94 期)

第六章　协商平台上的市民：
从"旁观者"到"参与者"

　　一直以来,城市管理者和市民之间缺乏良好顺畅的沟通,造成了很多误解和分歧。现代城市治理必须从城市共同体的价值观念出发,塑造一种现代的群体认知,真正建立城市良性发展的社会基础。畅通信息公开渠道,完善不同群体的利益表达机制,在今天显得越来越迫切。在社会协商中,电视问政能否真正发挥作用? 如何借助电视问政更好地推动社会协商? 本章以杭州电视台《我们圆桌会》为例,考察公众是否认同电视问政节目的协商功能,是否具有参与社会协商的意愿,在此基础上分析如何拓展协商渠道,更好地促进社会共识的达成。

第一节　公众参与电视问政的意愿调查

　　本节运用案例研究和问卷调查等方法,分析新媒体背景下通过电视问政平台组织广泛参与、协商达成理性共识的实现路径。同时,按照事理与逻辑统一的原则,在量化研究基础上进行深度访谈,对电视问政的功能、作用、路径等情况进行进一步了解。[①]

一、研究方法与实施

　　围绕电视问政的社会协商功能的核心问题,自编"电视问政的社会协商功能研究调查问卷"。问卷内容涉及认知、参与意愿、效果等方面的共

　　① 此次问卷调查活动得到上海交通大学媒体与设计学院张国良教授指导,上海文广集团施晓亮在数据统计方面给予帮助,谨此致谢!

23 个问题。2015 年 7 月下旬,笔者以网络问卷(问卷星)辅以街头随机拦截的形式开展调查。问卷调查同时在杭州和上海两地进行。考虑到问卷对象的丰富性,在网络调查的同时辅助采用了街头随机拦截的方式,调查结果由笔者代为网络录入。问卷发放时间为 15 天,共回收 252 份答卷。样本的人口统计学变量分布情况如下。

1.年龄分布

年龄跨度为 18～78 岁,平均年龄 38.48 岁,中值年龄 35 岁,标准差为 12.502。

2.性别分布

141 人为男性,占总样本数的 55.95%;111 人为女性,占总样本数的 44.05%。

3.学历分布

学历分布由高到低分别是研究生及以上 58 人,大学本科 119 人,大学专科 41 人,高中 28 人,初中及以下 6 人。

4.职业分布

职业分布较为广泛,其中数量最多的为企、事业单位管理人员和企业白领,分别为 42 人和 48 人。具体分布见表 6-1。

表 6-1　样本职业分布情况

职业	频率	百分比/%	有效百分比/%	累积百分比/%
党政官员	8	3.2	3.2	3.2
基层公务员	20	7.9	7.9	11.1
企事业单位管理人员	42	16.7	16.7	27.8
企业白领	48	19.0	19.0	46.8
企业蓝领	10	4.0	4.0	50.8
事业单位基层员工	20	7.9	7.9	58.7
教授/学者/科研人员	12	4.8	4.8	63.5
普通教职员工	14	5.6	5.6	69.0
学生	15	6.0	6.0	75.0

续表

职业	频率	百分比/%	有效百分比/%	累积百分比/%
媒体从业人员	17	6.7	6.7	81.7
自由职业者	16	6.3	6.3	88.1
农民	2	.8	.8	88.9
离退休人员	12	4.8	4.8	93.7
其他	16	6.3	6.3	100.0
合计	252	100.0	100.0	

为进一步了解电视问政的协商功能,笔者在 2014 年 7 月到 2015 年 7 月期间,对节目制作者、参与者、政府部门公务员、普通市民共 92 人进行了深度访谈。重点考察电视问政类节目是如何推动社会民主协商的,其效果如何。

二、调查结果与分析

为分析电视问政的协商功能,本调查从受众的"认知"和"行动"两个层面考量,即是否认可电视问政的社会协商功能与是否愿意参与此类社会协商活动。

1. 公众对电视问政的认知调查

综合表 6-2 和表 6-3 可知,大部分受访者认可电视问政的协商功能。有 67.06% 的受访者认为电视问政对于解决城市公共问题有用或者比较有用;有 80.16% 的受访者认为,把社会问题拿到电视问政平台上讨论协商有必要。

表 6-2　"您认为,电视问政对于解决城市公共问题有用吗?"

选项	小计	比例/%
A 有用	90	35.71
B 比较有用	79	31.35
C 说不清	52	20.63
D 不太有用	26	10.32
E 没用	5	1.98
本题有效填写人次	252	

表 6-3　"您认为把社会问题拿到电视问政平台上讨论协商,有无必要"

选项	小计	比例/%
A 有必要,推动了协商民主	202	80.16
B 可有可无	22	8.73
C 没有必要,作秀而已	17	6.75
D 不好说	11	4.37
本题有效填写人次	252	

为了进一步验证这一观念在人群中的分布情况,笔者根据职业、学历等变量对上述两个问题的答案变量进行了交叉分析。没有证据表明,不同群体对于电视问政能否产生良好协商效果的认知不一致。受访者对电视问政行为的认可具有普遍性。认可度并不因为职业和学历产生明显差异。这是创办和推广此种媒体形态的受众基础。

在对于协商渠道认知情况的调查中,受访者的回答与上述分析保持了一致性。

对于"您认为,以下哪种方式更有利于多方协商?"有最多人(117 人)选择了"电视问政",占 46.43%;其次是 70 人选择了"网络在线交流",占 27.78%;剩下的小部分则选择了"听证会"和"其他"。

2.电视问政栏目对于受众自身的影响

20 世纪 60 年代,格伯纳等学者通过对电视传播效果进行实证研究,提出了"涵化理论",揭示出大众传播在建构社会现实、影响价值观、达成受众的社会共识方面的教化作用。该理论研究者认为,长时间收看电视的人,其对社会现实的看法更接近电视为人们呈现出的景象,而非客观现实。

依据"涵化理论",本研究分析了经常收看电视问政节目与不收看此类节目的受众对于社会协商的认知情况。

(1)对于《我们圆桌会》,收看频率与意义认知情况关联度的分析

观看或者亲身参与过电视问政节目,会不会影响受众对于电视问政节目的主观评价?通过定量分析搞清这一问题是本研究的一个重要内容。研究重点考察"您观看《我们圆桌会》节目的次数多少?"与"您认为,电视问政对于解决城市公共问题有用吗?""您认为,把社会问题拿到电

视问政平台上讨论协商,有无必要?"的关系。经过统计分析发现,两者
显著正相关,也就是说,观看节目越多,对于电视问政的社会协商功能就
越认可(见表 6-4)。

表 6-4　收看频率与意义认知情况关联度的分析

		问题 7:您观看《我们圆桌会》节目的次数为多少?	问题 9:您认为,电视问政对于解决城市公共问题有用吗?	问题 10:您认为,把社会问题拿到电视问政平台上讨论协商,有无必要?
问题 7:您观看《我们圆桌会》节目的次数为多少?	Pearson 相关性	1	0.342＊＊	0.230＊＊
	显著性(双侧)		0.000	0.000
	N	252	252	252
问题 9:您认为,电视问政对于解决城市公共问题有用吗?	Pearson 相关性	0.342＊＊	1	0.483＊＊
	显著性(双侧)	0.000		0.000
	N	252	252	252
问题 10:您认为,把社会问题拿到电视问政平台上讨论协商,有无必要?	Pearson 相关性	0.230＊＊	0.483＊＊	1
	显著性(双侧)	0.000	0.000	
	N	252	252	252

注:＊＊表示在 0.01 水平(双侧)上显著相关。

(2)对于《我们圆桌会》,收看频率与功能认知情况关联度的分析

对于"您认为,《我们圆桌会》等电视问政类节目最应该发挥哪方面功能?"有 122 人选择"舆论监督功能",占 48.41%;72 人选择"信息传播功能",占 28.57%;49 人选择"协商功能",占 19.44%;9 人选择娱乐功能,占 3.57%。经分析发现,观众收看电视问政节目的频次对"您认为,《我们圆桌会》等电视问政类节目最应该发挥哪方面功能?"的答案分布有着显著影响。统计调查数据清晰表明:随着收看电视频次的上升,观众对于电视问政节目的协商功能的认可度在上升。在"每天都看电视""经常收看电视""有时收看电视""偶尔收看电视""从不收看电视"五类人群中,对于"协商功能认可"的比例呈现从高到低排列:41.7%、25.7%、20.4%、15.9%、11.1%(见图 6-1)。

(3)对不同城市(有无电视问政平台)受众对电视问政认知情况的分析

《我们圆桌会》为典型的具有社会协商特征的电视问政栏目,在杭州电视台一套双休日的黄金时间播出,在杭州地区知晓度较高。根据电视节目

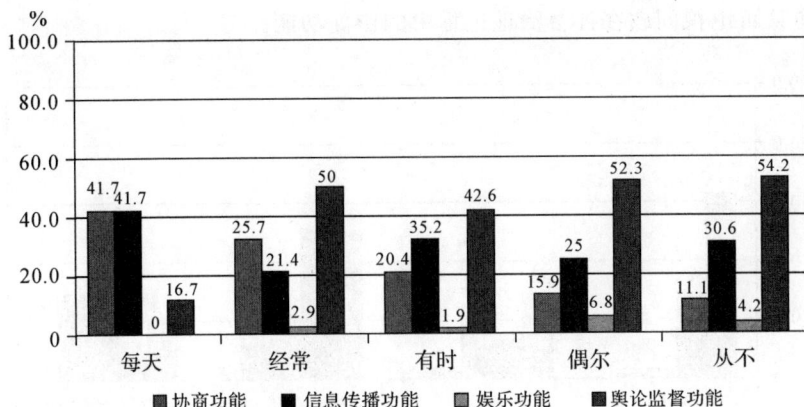

图 6-1　媒体在协商民主中"最应发挥哪方面功能"统计

单检索发现,上海并没有此类以协商为特征的电视节目。那么,在不同媒体环境下的受众,对于电视问政交流协商功能的认知是否存在差异呢? 本次研究对此进行了探讨。

对于"是否愿意现场参与节目?"上海地区仅 5.1%选择"非常愿意",而杭州地区选择此选项的高达 27.9%,参与意愿明显更强。

对于"在哪种情况下会参与电视问政的现场交流?"上海地区有最多的受访者选择"事关切身利益",而杭州地区则有最多的受访者选择"不涉及切身利益,但是自己有观点要表达"。

研究表明:在不同的媒体环境下,公民对参与电视问政的意愿有所不同。这一结果从侧面印证了创办此类栏目对于引导公民参与协商民主、进而认同协商民主理念具有重要作用。对于一座城市而言,创办类似的具有协商民主特征的电视节目,对于基层协商民主的建设具有重要意义。

3. 参与电视问政的意义调查

对于协商民主实践来说,参与者本身最有发言权。那么,这些参与过《我们圆桌会》的市民,是不是会更加认同协商理念呢?

针对"您认为,电视问政对于解决城市公共问题有用吗?"在参与过《我们圆桌会》现场讨论的市民中,认为"有用"的占 63.8%,"比较有用"的占 29.8%,累计超过 90%;而在没有参加过《我们圆桌会》现场讨论的市民中,认为"有用"的占 29.3%,"比较有用"的占 14.3%,累计 43.6%(见图 6-2)。也就是说,亲身参与过电视问政的市民,比没有参与过的市民更认可电视问政在社会治理过程中的协商功能。

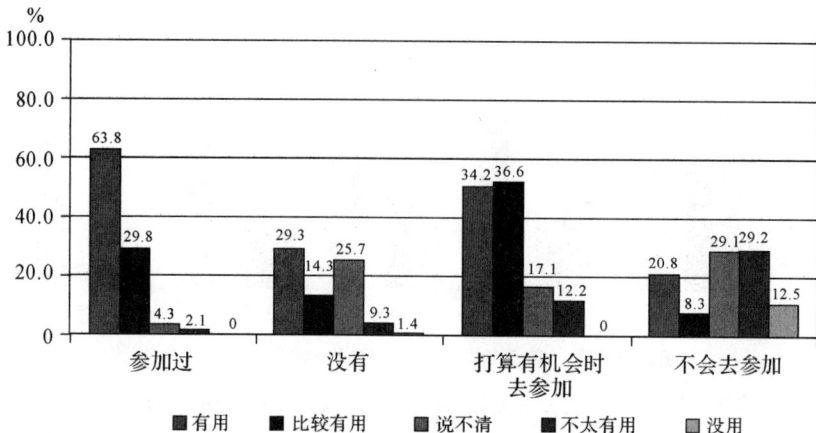

图 6-2 "参与过《我们圆桌会》的市民,是不是会更加认同协商理念"统计

同样,考察"您是否参加过《我们圆桌会》等电视问政节目的现场讨论?"与"您认为,电视问政对于解决城市公共问题有用吗?""您认为,把社会问题拿到电视问政平台上讨论协商,有无必要?"的关系,发现它们的结果也具有显著的正相关性。也就是说,参加过《我们圆桌会》等电视问政节目的受众对于电视问政的社会协商功能更认可。

4. 新媒体环境下,电视问政面临的挑战

新媒体是否会影响人们对电视问政的参与度和关注度? 本次问卷对此进行了调查。设计的问题有两个:"对于社会热点问题,您最喜欢通过何种渠道与他人公开交流?"和"您认为,哪种渠道能使您的观点表达得更为有效?"从两题的答案分布可以看到,选择"网络自媒体平台"的受访者数量最多,排第二位的均是"直接向政府部门反映",而选择"借助电视"的受访者数量只排在第 3 位和第 4 位。

很明显,进入互联网时代之后,网络自媒体平台和网络论坛已经成为人们最主要的意见交流场所。新媒体的诞生,对传统的电视媒体产生了冲击,降低了电视问政的参与度与受关注度。

第二节 影响公众参与电视问政的因素分析

问卷调查显示,绝大部分的受访者对于电视问政在社会治理和社会协商上的作用持认可的态度。收看电视越多的受访者对于节目的社会协商功能就越为认可,而亲身参与过电视问政节目的受访者,对于节目的社会协商功能,比没有参加过节目的受访者要更为认可。这些发现对于政府、媒体等推动电视问政实践的相关主体具有激励作用。为了进一步探析影响这些发现背后的相关因素,笔者从 2015 年下半年到 2016 年 10 月对党政官员、普通市民以及栏目制作者进行了访谈。访谈采用"面对面"个别访谈和电话交流两种方式。主要发现如下。

一、认知分析

应该说,促进沟通是各方对于协商类电视问政平台的主要期待。访谈表明,党政官员更多认为,协商类电视问政平台是一个可以平心静气说话的地方,认为这种方式有利于推动自己的工作,有利于市民更好地理解城市管理。在《我们圆桌会》节目中,杭州市交警局、杭州市城管委等是参与电视问政讨论最多的部门之一。一位多次参与节目的杭州市交警局官员表示,参与节目之前压力还是比较大的,但是几次参与之后发现现场交流比网上讨论的氛围好多了,更加富有建设性。"有一位在网上老是骂我们的网友,通过在现场交流之后,(与我们)成了朋友。"

而市民和网民则表示,参加这样的讨论,主要的动力是有人听。"因为每一期节目有政府部门到会场,(把自己的想法)说给他们听有用。以前在网上说,信息太多了,也不可能每一条都有人关注,自己的声音被淹没了。但是,在演播室里,你的每一句话都有人听。"参加讨论的市民还介绍,参加这样的公开协商活动开始是自愿报名的。估计是看其表达能力还不错,后来几次是栏目组主动邀请去参加的。至于讲什么、怎么讲,编导从来没有干涉。

二、动机分析

对于官员参与问题,一个有意思的现象是,党政官员的"参与"甚至比"表态"更重要。"官员到场"是影响公众参与社会协商意愿的重要因素。一位多次参与电视问政协商交流的官员表示,有时在节目中自己发言只有寥寥几句话,不过并没有受到指责和非议。实际上,上级在派自己来时往往也交代,不要乱表态,把现场意见带回去即可。访谈中多数市民表示,很看重官员是否到场。代表政府部门立场的官员到场听取意见,对于交流活动本身来说,"显得比较正规",问题也"更有希望"被解决。

对此可以理解为,市民需要的是自己意见受到重视,而官员的"当场表态"有时候则被视为"轻率、不严谨"的表现,体现不出对问题的重视。对于协商来说,重视、进而理解对方的立场至关重要。毕竟如果离开了彼此的"重视",单纯就态度进行"协商",则很容易沦为无结果的辩论。

针对"为什么多次参加、经常收看的人会认可其社会协商功能?"这一问题,笔者访谈了栏目制作方和职能部门。访谈发现,"现场讨论氛围"是决定下一次是否参与的重要因素。在良好的现场讨论氛围中,普通市民与城市管理者、专家展开直接对话,获得"被尊重"的参与体验。进一步探讨发现,那些在现场获得较多发言机会的市民,更加认同现场讨论氛围,乐于参加下一次对话协商。

三、行为分析

针对市民、网民参与协商活动的积极性,笔者对栏目组进行了访谈。现阶段该栏目建立了公开报名机制,有专门供市民讨论用的 QQ 群和微信群。但实际上,主动走进演播室的市民并不太多。市民们不愿主动报名的原因多种多样,比如时间问题,杭州电视台《我们圆桌会》节目一般是每周四下午录制,属于工作时间,市民参加对话需要跟单位请假,很多人因此打消参与的念头;而官员参与则属于职务行为,在工作时间出席活动理所应当;专家学者因为从事研究工作,时间也相对机动。又如参与习惯问题,很多人在电话或者微信上可以说,但是走进演播室,还是有些心理上的顾虑的。

达成共识是社会协商的最终目的。围绕促进社会共识,电视问政发挥着不可或缺的积极作用。研究表明,多数受访者认可电视问政的社会协商功能,并愿意参加。在具有不同媒介的环境下,受众对于电视问政的协商功能的认同度和参与意愿存在差异。

政府要从管制型政府转向服务型政府,就要打破隔膜,消除误解,与公众开展制度性的协商对话。由于利益的分层,不同群体之间隔阂加深,存在严重的信任危机。顺应公众参与公共事务的热情,组织各种公开的协商讨论显得迫切而可行。上述研究还表明,公众参与社会协商的意愿可以被培养。《我们圆桌会》等电视问政节目,可以提升公众参与社会协商的能力,培养公众参与社会协商的意愿。在创新社会管理的背景下,这些实践超越了新闻传播学意义的范畴。

第三节　推动公众参与电视问政的对策建议

在社会治理中,要想打破隔膜,消除误解,政府应该与公众开展制度性的协商对话。通过构建传播平台,整合政府、民众的诉求,以协商与沟通的方式使社会信息流转导向良性运行的方向。这种模式有助于重建现代社会的信用结构和基础制度。就社会治理来说,应以电视问政为载体,从公共治理角度出发,不限于具体的问题解决机制,主要从城市的治理理念入手,在社会主体之间通过平等沟通、交流、讨论,加深理解,互相包容,达成共识。

一、党政:应注重参与方式的引导

在城市治理中,人们很多时候关心的是"事",而不是"人"本身。这是一个很大的误区。诸多城市治理难题的背后,那些利益相关者内心是怎么想的？他们的生活状态怎么样？为什么会有这样的表现？有没有一种更好的办法能够让他们心平气和？能不能让城市的管理者、普通人、利益相关者在治理难题面前多一分理性？这些不仅仅是社会决策者的事,也是每一个公民的事。作为一种治理理念,党委、政府应该牢固树立民主协商治理意识,通过微博、微信、热线电话、观众调查等渠道,引导市民和当事人参与对话,鼓励、帮助普通市民实现自我表达的需求。在应对事关民生的具体问题时,职能部门应积极回应社会关切,发挥电视问政平台的示范引导作用,主动开展互动交流。

当前,党委、政府可以通过增加电视问政官员到场率的方式来促进协商与沟通。要在谋事之初问情于民、问需于民,在落实过程中问计于民,在完成之后问绩于民。栏目应该"通过一种渐进式的努力,培养来到演播室的嘉宾在谈论话题时的理性思维,逐步改变这些"参加圆桌会的人",进而改变那些在电视机前"看圆桌会的人"。通过镜头前的对话,改变"整个城市的市民,甚至更多的人"。①

---

① 俞春江:《构建话语平台,推动平等沟通:媒体参与社会管理途径探索》,《中国记者》,2014年第2期,第112—113页。

二、媒体：应注重协商功能的发挥

对于媒体来说，舆论监督毫无疑问是推动社会进步的一个重要渠道。但是这种"你做错了我再说"的参与方式，在社会管理过程中显然存在两大弊端：一是成本高；二是矛盾冲突大，情感冲撞厉害。应该把"事后监督"变为"事前吹风，事中公开，事后处理"。

在具体方式上，媒体可以通过营造好的氛围、调整节目时间并利用网络参与等方式来促进协商交流。在新媒体迅猛发展的环境下，电视观众分流现象较为严重，而电视媒体与网络媒体相互联动的局面，也会使观众成为新旧媒体的重叠受众。针对这一现象，电视问政类节目应深入广泛地与新媒体形成互动，通过节目的互联网视频版、手机视频版、广播直播语音版、微博图文直播等媒介形式，通过电话热线、短信平台、网站直播、微博、微信图文直播等"全媒体"联动平台，来构建一个从演播室到社区分会场、市民生活现场、市民手机客户端的无障碍观众参与通道。

三、市民：应注重媒介素养的不断提升

依据德国传播学者纽曼"沉默的螺旋"理念，大多数人都害怕因自己的观点与众不同而受到孤立，因而不愿固执己见。新媒体背景下，面对纷扰的自媒体舆论场，理性的声音显得尤其可贵。每一个自觉的个体都应努力提升自身理性表达的能力，逐步树立现代公民意识。要学会运用大众传播工具进行表达，真正参与到协商交流和公共治理当中。在电视问政等示范性的互动平台上，通过多层次、多视角的对话讨论，迎接观点的碰撞，接受新的信息，进而建立起理性的自我判断。

附

"电视问政的社会协商功能研究"调查问卷

尊敬的先生/女士：

感谢您能抽出宝贵的10分钟时间来填写问卷！我们认真设计了这份问卷，并将据此展开研究，希望了解您对电视问政传播类型、社会治理方式的看法，以便提高传播实效。所有数据均匿名输入，请照实填写！您的意

见对研究结果非常重要!

E-mail:mwwbb@126.com

2015 年 7 月

第一部分　受访人基本信息

问题 1:请问您的年龄是多少周岁? _____

问题 2:请问您的性别是 _____?

A. 男　　B. 女

问题 3:请问您生活在哪个城市? _____

A. 上海　B. 杭州　C. 其他城市(请填城市名) _____

问题 4:请问您的职业(身份)是 _____?

A. 行政机关工作人员　　B. 事业单位工作人员　　C. 企业从业人员

D. 自由职业者　　E. 农民　　F. 学生　　G. 离退休人员

问题 5:请问您的学历是 _____?

A. 研究生及以上　　B. 大学本科　　C. 大学专科

D. 高中　　E. 初中及以下

问题 6:请问您平时收看电视的频率描述符合以下哪项??

A. 每天　B. 经常　C. 有时　D. 偶尔　E. 从不

问题 7:您观看《我们圆桌会》节目的频率为 _____?

A. 每天　B. 经常　C. 有时　D. 偶尔　E. 从不

问题 8:您是否参加过《我们圆桌会》等电视问政节目的现场讨论?

A. 参加过　　B. 没有　　C. 打算有机会时去参加　　D. 不会去参加

第二部分　对电视问政的认知情况调查

问题 9:您认为,电视问政对于解决城市公共问题有用吗?

A. 有用　　B. 比较有用　　C. 说不清　　D. 不太有用　　E. 没用

问题 10:您认为,把社会问题拿到电视问政平台上讨论协商,有无必要?

A. 有必要,推动了协商民主　　B. 可有可无

C. 没有必要,作秀而已　　D. 不好说

问题 11:您认为,电视作为公共协商平台,最大的优势是什么?

125

A. 更公开　B. 更公平　C. 更直观　D. 更权威　E. 无其他优势

问题12：您认为，以下哪种方式更有利于多方协商？

A. 电视问政　B. 网络在线交流　C. 听证会　D. 其他

问题13：您认为，电视问政平台上谁的意见最重要？

A. 负责处理此事政府部门代表　B. 相关研究专家　C. 普通市民

D. 利益相关者　E 媒体评论员

第三部分　参与意愿调查

问题14：您是否愿意参与节目现场讨论，就社会热点问题与其他群体
进行协商？

A. 完全不愿意　B. 不太愿意　C. 说不清　D. 比较愿意

E. 非常愿意

问题15：对于社会热点问题，您最喜欢通过何种渠道与他人公开交流？

A. 直接向政府部门反映　B. 借助网络论坛

C. 借助微博、微信朋友圈等

网络自媒体平台　D. 借助广播　E. 借助电视　F. 借助报纸

问题16：您认为，哪种渠道能使您的观点表达更为有效？

A. 向政府部门反映　B. 网络论坛

C. 微博、微信朋友圈等网络自媒体平台

D. 广播　E. 电视　F. 报纸

问题17：在哪种情况下，您会参加电视问政的现场交流？

A. 事关切身利益　B. 不涉及切身利益，但是收到电视台邀请

C. 不涉及切身利益，但是自己有观点要表达　D. 说不清

第四部分　协商效果的相关因素调查

问题18：您认为，以下哪个因素最有助于现场协商顺利进行？

A. 讨论氛围是否宽松　B. 议程设置是否科学　C. 主持人掌控能力

D. 参与嘉宾是否真诚　E. 其他（请填写）_____

问题19：您认为以下哪些因素会有助于电视问政的协商结果的落实？

_____（可多选）

A. 电视媒体的影响力　B. 政府相关部门的重视程度

C. 相关事件处理的难易程度　D. 社会各界的关注程度

E. 其他＿＿＿＿＿＿＿＿＿＿＿＿＿＿＿＿＿＿＿＿＿＿＿

问题20：您认为,电视问政应该以哪种方式产生实际效果?＿＿＿＿＿＿＿（可多选）

A. 各方达成共识,共同推动　B. 引起政府领导重视,督查落实

C. 媒体公开形成监督,督促落实　D. 引发网络热议,推动落实

以下问题由经常收看《我们圆桌会》节目的受访者填写

问题21：对于您所关注的议题,您是否觉得《我们圆桌会》节目邀请来的嘉宾符合您的预期?＿＿＿＿＿＿

A. 完全不符合　B. 大部分不符合　C. 大约一半符合

D. 大部分符合　E. 完全符合

问题22：您觉得《我们圆桌会》节目中,各方的嘉宾代表是否充分地表达了自己的观点?＿＿＿＿＿＿

A. 不充分　B. 不太充分　C. 说不清　D. 比较充分　E. 充分

问题23：您觉得《我们圆桌会》节目中,各方嘉宾讨论、协商效果如何?

＿＿＿＿＿＿

A. 完全没有效果　B. 有点效果　C. 说不清　D. 比较有效

E. 效果明显

第七章　协商平台上的媒体：
从"语态转变"到"角色转换"

就媒体特性而言，与广播和报纸相比较，电视具有声画同步的优势。长期以来，电视媒体发挥这一优势，在还原和挖掘事实方面表现卓越。但是，在促进社会各阶层之间的互动交流上，电视却少有精彩表现。著名社会学家和媒体研究学者迈克尔·舒德森（Michael Schudson）在其代表性著作《为什么民主需要不可爱的新闻界》一书中对此提出了批判。他尖锐地指出："电视在拓展新闻的公众论坛功能上所发挥的作用微乎其微。电视新闻仍习惯于传递一种天真幼稚的印象——即只有一种观察和了解世界的方式。"①协商类电视问政的出现，让"电视"这一传统媒体在影响社会、推动基层协商民主方面有了更大作为的空间。在履行其媒体职能方面，电视有了一种新的、更有效的选择。

第一节　语态转变：曝光之外的选择

通过曝光问题引发公众关注、推动问题解决是媒体履行职能的主要手段。然而，在辅助社会治理方面，传统的"媒体曝光"途径显得不够有力。2013 年夏天，杭州在应对"环卫工人工作时间调整"问题上，媒体的介入方式具有典型意义。

---

① 迈克尔·舒德森：《为什么民主需要不可爱的新闻界》，贺文发译，华夏出版社 2010 年版，第 40—41 页。

一、案例：盛夏环卫工人该几点钟上班

环卫工人该几点钟上班，似乎不是一个社会问题。但是在酷暑高温季节，对环卫工人的户外作业时间就不能不有所考虑。要做到既体贴关怀劳动者，又能保持城市整洁，这是一个城市治理中的难题。

一方面，当前城市卫生保洁方法是相对低层次的，在一些机械化作业难以实施的区域（约占三分之一），城市卫生是靠工人扫出来的。仅杭州市主城区每天作业的环卫工人就达 9000 多人。另一方面，整洁度是个市民感官问题，环卫工人休息时间延长后街道无人打扫，很容易招致市民怨言。而作为旅游城市，杭州还要应对每天几十万游客的检验。也就是说，环卫工人作业时间的调整不仅涉及环卫部门的内部运作，还涉及广大市民的理解和配合。可以设想，"曝光"可以明确责任，促进相关部门下定决心来面对这个问题，但是要在短期内统一公众思想、找到有效办法却很难做到。这也是城市管理部门过去不愿意、也不敢对环卫工人的作业时间做出调整的主要原因。

正因为调整存在困难，"环卫工人避暑难"的情况在我国南方城市长期而普遍存在。根据实际测算，在 37℃ 以上的高温天，城市地面温度最高会达到 72℃。2012 年国家安全生产监督管理总局等出台的《防暑降温措施管理办法》中规定，日最高气温达到 37℃ 以上、40℃ 以下时，用人单位安排劳动者室外作业时间不得超过 5 小时，并在 12 时至 15 时不得安排室外作业。日最高气温达到 40℃ 以上时，应停止当日室外露天作业。2013 年 7 月下旬，杭州日最高气温都在 37℃ 以上，可是环卫工人仍是保持过去的作业时间，每天中暑的环卫工人达 10 多人。

2013 年夏天，持续高温给调整带来了契机，媒体开始再次审视环卫工人高温天气照常上班的历史。在获得"高温持续不断、卫生工人作息时间没改"的新闻线索之后，杭州电视台《我们圆桌会》启动电视问政行动，主动搭建平台、推动理性对话、在舆论监督中谋求协商解决。

第一，主动探索舆论监督新渠道，不逞"一时痛快"。栏目组在处理这件事上保持了应有的克制。根据一贯做法，栏目放弃炒作，全面展示"环卫工人避暑难背后"的多重因素。同时与杭州市城管委和杭州市人力资源与劳动保障局联系，反馈真实情况，表达在后续节目中展开公开协商交流的

意愿。

第二,主动邀请社会各界参与讨论,不搞"媒体话语霸权"。在后续的多期谈话节目(7月21日、7月30日、8月1日等)中,先后邀请了环卫工人黄道宝、浙江大学知名学者潘一禾、市民代表和其他政府部门代表一起来讨论。同时,栏目还就"环卫工人究竟该几点上班"进行了随机街头调查,从法律法规、行政作为、市民感受、现实操作等多个方面对"环卫工人如何避暑"这个话题进行了探讨,避免了"对错""可否""该不该"等单一思维的新闻报道模式。

第三,主动参与难题解决,不当"旁观者"。解决"环卫工人避暑"问题的一个重要环节是发动市民参与。在这一过程中,栏目组做了很多工作。一是对环卫工人挥汗如雨的工作进行体验式报道,以增加公众的了解。二是积极倡导市民少丢垃圾,为环卫工人减负。三是联合其他媒体一起,呼吁为环卫工人设置爱心休息点。

在"环卫工人避暑"事件中,媒体告别了单一"揭露阴暗面"的方式,成为这一事件中各方协商交流、平等对话的重要推动力量。实践证明,这种与其他媒体不一样的做法取得了良好效果。

2013年7月22日,在节目播出后的第二天,城管部门便发出通知,将11:30至15:00调整为环卫工人的午休时间;此后在25日、29日,当气温持续上升时,管理部门又陆续发出通知把环卫工人下午上班时间推迟到16:00和17:00。短短一个星期,城管部门3次调整环卫的工作时间,力度和频率前所未有。8月1日,杭州市有关方面就"环卫工人17:00以后上班如何实施"走进杭州电视台演播室,展开进一步协商。在这期以"公开协商"为主要方式的电视访谈节目中,各方达成4点共识:立即发动市民参与夏日城市保洁;在推迟环卫工人作业时间的同时,城市卫生检查标准也应相应放宽;应恢复"门前三包"(指实行城市化管理区域内的沿街单位和个人,对其建筑物外缘至人行道侧石的责任区域进行洁化、序化、绿化等管理,内容包括环境整洁、市容有序、设施完好3个方面),倡导沿街商家单位在极端天气条件下,做好责任区范围的卫生;鼓励沿街商铺设立临时纳凉点。

电视问政中达成的这些共识很快被政府部门采纳,最终转化为决策。2013年9月上旬,杭州市城管委上报市委市政府要求批转实施《关于实施"门前新三包"共建美丽家园的指导意见》。2013 年 10 月 29 日杭州市人民政府办公厅发布了《关于印发"门前新三包"实施方案的通知》,倡导互动参与,要求沿街单位和个人对相应区域的环境、市容和设施进行维护,"充分调动公众参与城市管理的积极性、主动性、创造性,努力形成政府引导、公众参与,自我管理、自我约束、社会监督、共建共管的城市管理新格局"。通过媒体交流平台,协商讨论的成果被采纳,以文件的方式直接应用到城市治理实践。

二、协商何以会更高效

为什么通过"曝光""问责"不一定能实现的效果,通过对话协商能够快速实现呢?

围绕"环卫工人劳动保障与盛夏城市保洁"的城市治理难题,杭州电视台先后组织了三场电视问政,历时半个月的协商交流吸引了 3000 多人次直接或者间接(电话、网络)参与。在媒体推动下,城市展开了一场政府、市民、媒体和知识界联动参与的社会协商,人们在协商交流互动中达成了共识,找到了解决问题的"金钥匙"。一场原本涉及因素多、矛盾冲突大、解决起来颇为棘手的城市治理难题在短短十多天里得到妥善解决。

就这一电视问政案例来看,媒体的主动作为发挥了关键作用。第一,媒体议程的设置引发了很多人的关注,促使政府部门下决心调整。第二,媒体以协商参与的方式减少了对抗,展开了对话,为问题的解决营造了适合的社会氛围。第三,媒体组织了广泛的社会参与和理性交流,凝聚了智慧,促成了共识。在这一过程中,新闻媒体很好地推动了协商交流,体现了民主、理性、团结的现代意识。"理性互动""平等交流""相互尊重"等协商民主的基本理念和原则在这次城市治理创新中得以体现。从过去的曝光监督到构建平台,媒体自身角色已悄然转变。

在功能发挥方面,《我们圆桌会》不仅注重信息传递,也注重情绪疏导。案例中,媒体把"内心体验的分享"设置为一个重要议程,引导人们对个体心理和公共利益进行双重考量。圆桌会上,参与各方努力在表达和倾听中寻找共鸣。当人们打开电视机时,接收到的不仅仅是扑面而来的信息,更是一种民生情怀。

第二节　角色转换：社会协商治理中的电视

协商民主理论是 20 世纪后期以来西方民主理论的重要发展成果之一。针对西方国家选举民主发展到成熟阶段后出现的一些弊端，协商民主论者主张从"以投票为中心"的选举民主走向"以对话为中心"的协商民主，使普通民众和各界精英都能通过自由而平等的对话、讨论、协调等方式参与公共决策和政治生活，赋予决策和立法更大的合理性。有学者认为"媒体的民主角色应当是向各重要团体提供可表达并发展其利益的论坛，通过接近和包容各种观点来方便全社会达成政治共识"①。很显然，与单纯"提供公共论坛"的作用不同，我国媒体在推动协商民主的实践中，更加注重综合作用的发挥。这些媒体角色或侧重选题把握，或侧重信息解读，或注重理性引导，以各自的实践体现了参与平等、决策平等、相互尊重等协商民主的重要理念。

目前一些地方政府的治理实践中，有"包办式"，有"维稳式"，也有"被动协商式"。只有更多社会主体更有力地参与到协商民主的推动当中，才能在社会治理模式上实现创新。实际上，新闻媒体作为社会建设的重要舆论力量，参与地方治理、推动协商民主是媒体的自身职责所在。运用新闻媒体的平台搭建与公众组织能力，探索更加新颖有效的治理模式以适应城市发展中问题和主体的复杂性，是地方政府推动治理模式现代化的有效方法，也是推动基层协商民主的重要途径。

改革进入深水区，一个关照各方情绪、注重氛围营造、体现包容性发展的社会治理模式开始显露。从过去单一的信息报道、事后监督，到社会治理的全面参与，新闻媒体在这一理念下，完全有可能实现华丽转身。应该说，多重角色融合是我国地方媒体在推动协商民主实践中的创新。在基层协商民主运作中，新闻媒体的角色主要有以下 3 种。

一、平台搭建者

按照哈贝马斯的理论，"任何一种以更广泛、更知情和更主动的参与为

---

① 转引自赵月枝、罗伯特·A. 汉凯特：《媒体全球化与民主化：悖论、矛盾与问题》，《新闻与传播评论》，2003 年第 1 期，第 1—18 页。

目标的改革,均依赖于某种健全的公共交往,它可以发挥某种敏感过滤器的功能,用于体察和解释人们的需要。"①可以说,营造公共领域,推动公共交往,提供"公开的协商交流平台",定期向公众传播协商过程和结果,是媒体对于基层协商民主的主要贡献。

对媒体的定位,"工具论""公器论""公司论"一直在理论和实践层面困扰着人们。当媒体致力于平台构建时,其自觉不自觉地关注社会各阶层的需要,承担其"公器"作用。而媒体自身也在这个平台的构建中,抛弃对市场的单一迎合,远离因扭曲期待所造成的低俗和媚俗。

杭州电视台《我们圆桌会》录制现场

二、协商组织者

无论是协商之前的议程设置,还是协商交流过程中的现场把控,都离不开媒体的作用发挥。媒体一方面组织公众参与,另一方面邀请政府部门和专家出席。此外,在议题的选择、时机的把握、相关背景资料的收集和披露等方面,媒体都发挥着重要作用。以公信力为基础,协商平台上的媒体有充分的条件来扮演"组织者"角色。

---

① 哈贝马斯著,梁光严译:《关于公共领域问题的答问》,《社会学研究》1999 年第 3 期,第 35 —36 页。

内蒙古电视台《百姓热线》录制现场

三、内容点评者

通过"对具体话题进行公开讨论"的方式实行"软监督",在协商过程中,有时媒体也作为一个参与方直接发声。主持人是代表媒体立场的第一发言者。此外,电视问政活动还常常设置专门的"评论员"席位,邀请资深媒体从业者参与,对于协商活动中的关键环节进行点评。

综上所述,在协商民主的视野下,媒体应该也完全可以扮演好平台搭建者、协商组织者、内容点评者的角色,切实推动协商民主制度在城市治理以及基层治理领域逐步健全。海外学者哈克特和赵月枝在《维系民主:西方政治与新闻客观性》一书中指出:"新闻业能潜在地帮助培养民主主观性",这种主观性是"构成政治文化的组成部分"①。作为社会舆论的重要聚集地,媒体价值不仅在于发现了什么,重要的是传递一份人文情怀,以及情怀背后的理性精神。

在推进协商民主的进程中,人们更多关注政党、政府、知识界的努力,而作为沟通各界桥梁的新闻媒体,参与并推动协商民主的作用一直不被重视。新闻媒体具有公信力强、平台覆盖广、组织互动交流专业化程度高等

① 罗伯特·哈克特、赵月枝著,沈荟、周雨译:《维系民主:西方政治与新闻客观性》,清华大学出版社,第188页。

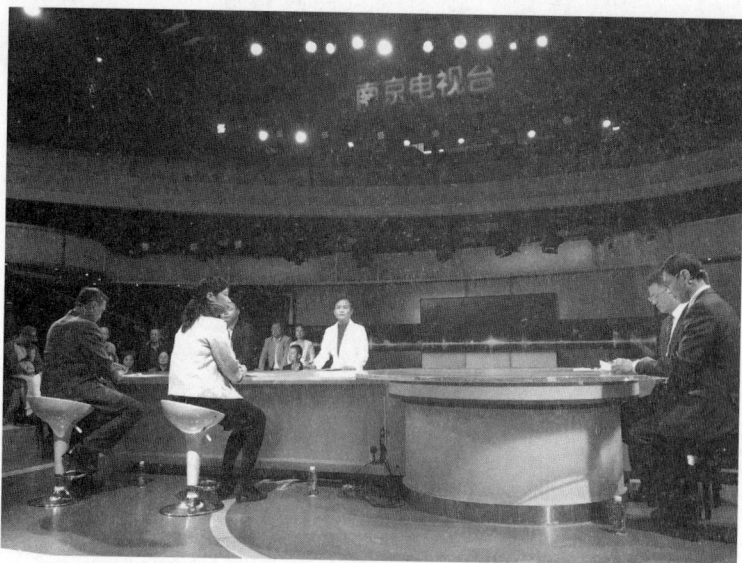

南京电视台《民声》录制现场

优势。媒体参与协商民主,不仅是媒体自身履行社会职责的需要,也是政治文明发展的需要。借助这些媒体平台,普通市民获得了更多参与公共事务的机会,其现代意识得到培养。在民主的氛围中,一批具体的社会问题得以妥善解决。

电视问政在网络互动等媒体技术的推动下日益活跃。在城市治理矛盾日益复杂的今天,"协商参与式"问政成为一种自发的实践。相对于传统的"曝光式问政",这种方式具有互动、理性、平等的特点,更有效、更直接地展示媒体的政治影响力,体现其社会参与功能。

媒体不能迎合猎奇心理,更不应染上"坏消息综合征"。媒体推动协商民主的过程,也是满足公众知情权、推动阳光政府建设、找准自身定位的过程。当媒体恪守社会良知,把公众的注意力和积极性聚集到经济社会发展的时候,社会就能勃发出积极向上的能量。

第八章　协商类电视问政节目主持人：
有效协商的催化剂

第一节　协商类电视问政节目主持人的特殊性

协商类电视问政既是电视节目现场演播的录制活动,也是官民对话民主协商活动,它对主持人提出了更高的要求。

就协商活动而言,协商类电视问政节目主持人应保证协商过程的公正、公平。协商民主研究领域的知名学者何包钢 2006 年在指导浙江省温岭市泽国镇的协商民主实验时,曾把协商小组分为常规组和理性组,其分类的主要标准就是对主持人的要求不同。其中,理性组的主持人要对参与者进行理性追问,而常规组则不需要,只要能够做到中立即可。具体如下。

对常规组主持人的要求:

(1)主持人应对民意代表强调礼节礼貌;

(2)主持人应保证民意代表在发言时避免过激或粗鲁的用语;

(3)主持人应保证民意代表在每一轮的发言中能充分发言,务必保证每位代表享有充分平等的发言机会和权利。

(4)主持人应鼓励参与者从自身(个人利益、个性化)的角度发表自己的看法。

对理性组主持人的要求:

(1)主持人应鼓励民意代表站在村、镇等大集体以及考虑他人利益的角度来思考、探讨问题。主持人应积极地促进民意代表为公共利益而展开富有理性的争论。

(2)主持人在支持小组讨论过程中应让参与者说明其观点背后的理

由，要谈道理、摆事实、讲证据。

（3）主持人应鼓励参与者对其所表达的观点的潜在价值和推理做一些反思。[①]

针对电视节目现场演播的录制活动，协商类电视问政节目主持人还应保证节目进展得顺畅、有序。和一般的民主协商活动不同，协商类电视问政具有特殊性。由于此类协商活动一般在电视台的演播室或者室外适合的场地进行，全程被摄像机镜头关注。其特殊的情境、场合与要求，对于主持人提出了更多的挑战。综合以上两方面要求和此前的研究成果，笔者认为协商类电视问政节目主持人的特点主要有以下几个方面。

一、角色定位的群众性

电视问政节目主持人，应该比一般的新闻节目主持人更清晰地认知自身角色，应有更高的政治素质和媒介素养，承担起问政双方之间的有效沟通责任，既能转达百姓心声，更要敢于和善于诘问官员，深入解剖问题。"主持人对于某些特殊、敏感的问题在给予政府相关部门解释机会的同时，要更加倾向于群众的利益与诉求。"[②]电视问政节目的主体是百姓，在节目表现形式上是主持人代百姓发声。主持人要牢记自己的角色定位是代表百姓问政，应高度关注话语权的平衡。

协商类电视问政节目主持人还应具有清晰的群众立场，并进行适当的情感渲染。这样做一方面能"让官员对百姓的疾苦感同身受，对积极整改有促进作用"[③]，另一方面，也可以让百姓感受到主持人为民发声的诚心和决心，感受到栏目为民办事、为民解忧的态度。

二、语言表达的思辨性

在电视问政节目中，主持人既要随机应变，同时又应符合实际要求，有效组织协商对话的实施。敏锐的思辨能力是主持人的基本素质。哈贝马斯的沟通理性强调个人要超越个体，实现视角的转化。沟通理性是协商民

①　何包钢：《民主协商的主持人制度》，《学习时报》，2008 年 2 月 25 日，第 5 版。
②　方君妹：《电视问政节目主持风格》，《新闻前哨》，2014 年第 6 期，第 79 页。
③　瞿霞：《电视问政节目主持人应注意的问题——以攀枝花广播电视台〈阳光政务〉为例》，《青年记者》，2016 年 5 月 20 日。

主理论的重要来源,它强调通过辩论对话,不同的参与者可以克服各自的主观意见,达到相互理解、形成共识。主持人通过追问和挖掘参与者的理由,鼓励以他人的立场、观点思考问题,促进相互理解,发展出更为综合的观点。第一,主持人应该有深厚的文化底蕴,能够通过现有的形式进行时政的交流与沟通。第二,主持人应该从问题的根源出发,做到灵活应对,能够根据现场情况组织有效的"理性追问"。

三、既定议题的政治性

电视问政节目融合了政治性与民生性,主持人的心态决定着表达时的语言状态,其不应出现因害怕官威而怯场的情况,应该时刻保持一颗积极探索真相且阳光的心态,以较强的逻辑性将语言进行合理组织,提出敏锐的见解与观点。这样的心态与语言表达能力可以使观众更加信服,从而确立主持人的主体地位。主持人在提问过程中,应该凸显观众的心声,将一些敏感性问题总结出来,以更倾向于群众的方式来主持。

在与官员对话的过程中,应从心态上将角色定位在平等的基础上,做到不卑不亢。沉稳淡定的语言表达是大多数观众都愿意看到的。主持人应该善于总结节目中的一些观点,并及时向观众反馈。客观而言,"官员"这一角色既是公共利益的代表者,也是市民、普通观众质疑的对象。应对这一特殊对象,需要高超的技巧。比如官员表述时习惯话语霸权,喜欢长篇大论,这是很多协商类电视问政节目主持人头疼的问题。"电视问政节目大都以直播的形式呈现,节目的时长是有限的,官员习惯性的会议式表达(长篇大论)与节目的环节设置、总体时长相互矛盾。针对这种情况,主持人应该紧抓重点、单刀直入、简单明了地提出问题。"[①]

四、进程把控的专业性

电视问政节目与一般的节目不同,其专业性、权威性更强。主持人主要面对的是各部门、单位的领导,他们对自己领域的专业知识大多非常熟悉。因此,在每期节目前,做好案头准备工作十分必要。围绕当期节目主题,查阅国家、省、市相关法律、法规、政策,了解被问政部门的工作职责、工

---

① 卞玉祥:《电视问政的节目定位于主持风格》,《新闻研究导刊》,2016年第22期,第155页。

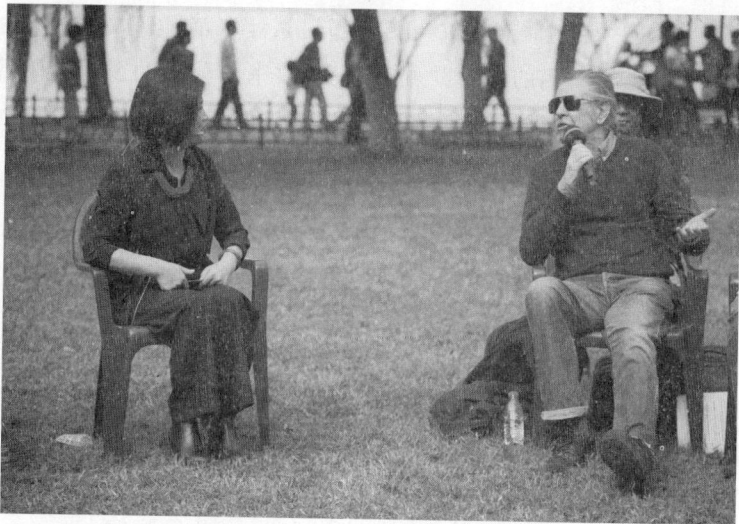

杭州电视台《我们圆桌会》主持人张平(左)

作流程等。围绕短片中反映的问题，反复推敲，设计提问。设想嘉宾会怎么回答，针对其回答，该如何追问或组织讨论。一环紧扣一环，力求严谨。主持人必须对节目进程进行总体控制。要根据节目的进程进行合理调动或终止。

第二节 对话进程：电视问政的"雷区"与对策

电视问政关注的题材多数是"热点话题"，主持人与嘉宾讨论的一般议程是：提出问题，进行分析，再商谈问题怎样解决。由于访谈类节目存在"即时性""多元性""不确定性"的特点，这一常规逻辑下的节目进程常常会受到意想不到的挑战，很难机械地按照基本逻辑规律来控制节奏。在对话过程中，稍不留意就会踩中"雷区"，轻则导致现场失控，影响节目质量；重则中断谈话，节目难以继续。

一、影响对话进程的四种情形

1. "雷区"之一：否认矛盾

2012 年 7 月 4 日杭州电视台《我们圆桌会》栏目播出了电视问政节目《给斑马线"瘦身"是否有必要？》。节目讨论的一个基本事实是"从 2011 年

8月开始,在近一年的时间里杭州交警部门累计取消了斑马线达150处"。其中涉及"行人与车辆的矛盾""城市速度、效率与公平的矛盾",体现着城市管理理念的进步,应该是一个不错的话题。但是节目进行不久,现场就出现了一个"雷区"。

【主持人】:为什么要对斑马线进行瘦身?

【嘉宾张警官】:我们这次是针对过去不合理的一些斑马线进行纠正,不是对斑马线瘦身。在一些路段我们还甚至增加了斑马线。

在访谈现场,代表交警部门到场的嘉宾还一再强调:刚刚取消的150条斑马线都是"个例"——谈话到此戛然而止,此后所准备的一系列问题无从谈起。

原来,交警部门在取消斑马线时遇到不小阻力。他们不愿意透露"将继续瘦身斑马线"这一设想,宁可"光做不说"。对于政府部门来说,出于种种考虑,他们会有意无意地回避矛盾。所幸栏目编导在前期与嘉宾沟通中敏锐地发现了这个问题,并推出了应对之策:(1)事先邀请相关交通管理专家对斑马线状况进行专门调查;(2)主持人就斑马线的总体趋势设问。

【主持人】:根据相关国家标准,人行横道线之间距离一般应大于150米,以250米到300米为宜。吴老师,杭州的情况符合这个标准吗?

【浙江工业大学教授吴伟强】:最近我们刚刚调查了10条杭州的主干道,其人行横道线之间的平均间距是201.88米,远远小于250米到300米的平均间距。在特别密的一些地方,斑马线的间距是50米,甚至是25米。

【主持人】:我想问一下张警官,吴老师刚才讲的这个这个情况在杭州确实存在吗?

【杭州市交通警察局秩序处警官张建文】:这种情况确实存在。

【主持人】:将来,整个杭城的斑马线是越来越密集,还是越来越稀疏?

【张建文】:这个……这个肯定是越来越稀疏,不能再密了。

至此,节目又回到了预定轨道。斑马线减少意味着什么?过去为什么建了那么多过密的斑马线?减少之后路面管理如何跟上去?此后的讨论非常流畅。在排除了这个"雷区"之后,主创人员在进程的把握上,牢牢控制了主动权。

2. "雷区"之二:话题转向

还是以《给斑马线"瘦身"是否必要?》节目为例。在节目录制现场,有嘉宾提出"斑马线过密，应该通过多建地道和人行天桥的方式解决"，并且指出："斑马线过密，问题出在道路等级设置不合理，众多城市次干道承担了主干道的功能。取消斑马线是舍本逐末。"节目现场讨论的重点被引向了"城市规划"，与预先设定的主题越来越远。

在这里，根据前期的沟通和话题设计，主持人从容地对话题导向进行调整。

【主持人】：当然，在斑马线瘦身的同时，科学规划至关重要。但是一个更为迫切的问题是，眼下该怎么办？如何协调当前车辆与行人在矛盾？斑马线瘦身以后如何管理？

在总结现场嘉宾讨论的同时，很自然地把节目拉回了既定轨道。根据这一思路，杭州电视台综合频道《我们圆桌会》栏目随后播出了《给斑马线"瘦身"是否必要？》的姊妹篇：《交通管理，城市如何转变观念？》话题涉及"个人与城市交通的关系""局部的失去与整体利益的保障"等内容，进一步深化了主题，取得了良好社会效果。

3."雷区"之三：淡化矛盾

2012年7月，杭州开展"文明大行动"系列活动，对城市管理中的"脏、乱、差"进行曝光，并探讨对策。在电视问政节目中，在各界讨论城市"脏、乱、差"问题时，市民代表直指"多头管理效率低下"现象。然而，来自城管和工商等部门的嘉宾极力否认"多头管理"现象的存在。由于现场市民代表、评论员等无法提供充足证据来反驳，谈话陷入僵局。原先预定的主题"如何面对多头管理顽疾？"逐渐被替换成了"如何解决城市管理中的难题？"核心矛盾被"淡化"，关键问题无法谈深、谈透，这个"雷区"的出现，直接的结果就是谈话无法深入。

现场缺乏有力证据，是矛盾被"淡化"的主要原因。主创人员没能事先提醒相关嘉宾收集相应材料，也没有提供有力的短片揭示"脏、乱、差"现象与"多头管理"之间的必然联系，节目出现被动局面也就在所难免了。

4."雷区"之四：各执一词

出于完整性、多元化的考虑，电视问政常常邀请来自政府部门的代表、市民的代表、专家学者和评论员一起参与节目讨论。由于观点多元，嘉宾之间随时可能发生争执，甚至有可能各执一词，使现场讨论停留在某一个层面,无法深入下去。

2012年5月,杭州市政府出台措施,鼓励民间资本进入停车场建设行业。在文件生效的前一天,媒体抛出核心话题:《停车产业化,如何迈出第一步?》节目邀请市建委停车泊位建设办公室负责人与专家、评论员、相关企业、市民代一起参加讨论。

但是在节目现场,新闻评论员一口咬定"停车难"是由于规划不科学造成的,政府提"停车产业化"是在"转移矛盾,甩包袱",应该关注"城市规划问题"。而在场的其他嘉宾认为,不应纠结历史,要好好关注"如何加快停车泊位建设"。现场嘉宾在"规划"与"建设"两个话题上各执一词,争论不休却无法深入,节目现场陷入混乱,原先设定的"如何实施产业化"无从谈起。

二、影响对话进程的因素分析

综上所述,在电视问政进程中,由于嘉宾所代表的利益不同、立场不同、感受不同,出现"意外"状况也就在所难免。造成以上"雷区"的出现,主要原因是由电视问政节目自身的特点造成的。

1. 多元性

参与讨论的嘉宾具有不同背景,代表不同的利益。多元的信息来源是访谈节目制作的基础。多元性有利于节目挖掘新闻事件的深度和广度,但是嘉宾由于也是信息的提供者,嘉宾组成的多元性往往加大了节目的把控难度。

2. 即时性

电视问政以谈话为主要表现形式。主持人的发问、嘉宾之间的回答与互相呼应都是即时完成的,怎么说、说什么都是随机的。

3. 不确定性

录制现场的谈话很大程度上有赖于嘉宾之间的相互激发,这种"多元即时"的传播特点使电视问政的进程充满了不确定性。

三、把控对话进程的路径选择

如何趟过"雷区",从容把握对话进程?除了靠主持人现场的临场发挥、灵活把握外,更重要的是前期详尽的节目策划。在节目的前期策划中,准确预测这些"雷区",并且设法排除,是提高电视问政对话质量的核心。只有充分了解话题的背景、参与嘉宾的观点、事件发展中的细节,才能够在节目录制(对话组织)过程中牢牢把握节目进程,收放自如,删繁就简,从容不迫。

1. 注重与访谈嘉宾的前期沟通

在电视问政节目策划和实际运作过程中,创作人员往往把工作重点放在主题和嘉宾的选择上,忽视了前期沟通这一重要环节。

在前期沟通中,主创人员不仅仅要向嘉宾了解背景,熟悉事件(或话题)的来龙去脉,更要了解各方对事件的看法、立场。对于一些核心话题,要事先与不同嘉宾一一沟通。在发现同一事实不同嘉宾有不同看法时,更要进一步深究:仅仅是因为信息占有的全面与否而造成的不同看法,还是因为立场而造成的观点分歧? 嘉宾观点背后的支撑的信息是否充足? 经过讨论能否达成各方的共识? 这些内容,主创人员要做到知己知彼,保证谈话顺利实施。

值得一提的是,提前沟通是为了"预设主题",而不是"预设观点"。作为交流类的新闻节目,嘉宾之间出现思想碰撞是十分正常的现象。主创人员不应回避矛盾,而要在尊重表达的前提下,大胆假设,小心求证,彼此尊重,又不回避矛盾。

2. 注重节目"短片"制作

电视问政节目中插入的短片必须精短。"主持人与嘉宾现场交流谈话占整个节目时长不少于三分之二。"也就是说,引用现场短片和资料的短片最多占到三分之一。一部 30 分钟左右的电视问政节目常常使用两到三次短片,每个短片需控制在 2 分钟左右。

尽管是新闻谈话节目,但是有一个事实必须承认:给受众印象最深的是事例而不是观点,一旦记住了事例,观点也就记住了。电视问政节目中的短片实际上也在传递着观点。一方面,短片可以提供信息量相对集中的背景;另一方面,短片的播放时机可以灵活把握,当节目需要佐证或者调节节奏时,适时地播放短片是把握进程、推动节目完成的一个有效举措。有经验的编导,恰恰是通过事先准备好的短片,来牢牢控制谈话节目进程的。

3. 注重场外互动环节的设置

电视问政节目中的场外互动，也是把握进程的重要支点。以新闻访谈节目《天河一号：速度背后的较量》（第二十一届（2010年度）中国新闻奖一等奖作品）为例。节目进行到高潮部分时，主持人引入了一位微博网友的参与，提出问题："我们有了最快的计算机，但是软件能不能赶上硬件？能不能用好超级计算机？"在此之前，节目讨论了"中国速度何以震惊世界""'第一'缘何来之不易""'天河一号'怎样改变生活"等信息，随着"微博网友"的介入，节目进入更深层次的讨论："如何理性看待此次突破？"围绕着"是否存在高科技形象工程"的质疑，各方嘉宾观点交锋你来我往，节目亮点频频闪现。这些交锋，水到渠成地交代了"在中国经济转型的背景下，自主创新对未来中国经济发展的重要意义"。这个环节设置为推进访谈的整体节奏起到了重要作用。

场外互动环节的设置，可以通过现场大屏幕、题板、电话连线等多种方式得以实现。

4. 注重主持人的现场应对

一般来说，电视问政节目事先都会设置台本，以便于主持人现场把控。但是，由于嘉宾思维的多向性，事先设定的台本既不能完全也不能完整地预设整个进程。关键时刻起作用的往往是主持人灵活机动的现场应对。

主持人在把握进程中必须紧扣两条线：嘉宾现场的语言流和节目主题的思维流。一方面，主持人要有效地组织嘉宾围绕主题进行交谈，激励嘉宾畅所欲言；另一方面，要及时调整谈话走向，千方百计实现挖掘访谈主题。

在访谈节目的节奏把握上，一些经典作品给人留下了深刻印象。在第十七届中国新闻奖（2006年度）一等奖作品《质疑上海"二期课改"》中，主持人、市民与上海市教委分管课程教学改革工作的副主任展开对话，直面矛盾焦点"二期课改是否有问题"。把质疑摊在公共媒体的平台上，与质疑对象——教育行政部门负责人当面讨论是节目最大的"看点"。节目中有这样一个片段：

【主持人】我记得那天我们还收到了一条短信，他说做一年级老师的确是很辛苦。两方面都蛮困惑、蛮苦恼，有大量陪读现象，作为教委领导，您怎么看？

【嘉宾】小学一年级的家长基本上不应该陪读的，我们的教学、教育不能把希望寄托在陪读上，特别是起始年级。

【主持人】这个陪读的面之广让我很惊讶，我不知道您怎么看？

【嘉宾】这个现象确实也客观反映出了上海基础教育存在的一些问题，但是它绝不是方向。

【主持人】也就是说您也认为现在有大量陪读现象存在。

【嘉宾】有，只不过陪读的形式、时间有所不同。这和我们的教学方法有关，老师的教学要求也可能存在问题。

主持人始终把握"一年级小学生课业负担重，还得家长陪读，教改越改越走样"这一尖锐的社会问题，敢于把矛盾焦点亮出来，不回避当事人，一步步把讨论引向深入。虽然这是一档广播对话节目，但对于电视问政类节目同样具有很强的借鉴性。

主持人的现场应对能力有赖于常年的积累和扎实的基本功，同时也与节目前期策划有密切关系。除了上述几条外，在台本环节也应有所侧重。笔者以为，电视问政节目的台本"宜粗不宜细"。标明主要谈话节点即可，以方便主持人在谈话的实际进程中灵活把控。

应该说，"雷区"以及各种"意外"情况的出现是电视问政的常态。有效地把握进程、处理好"雷区"，是提高电视问政质量的重要环节。许多"雷区"的背后，恰恰是最有效的信息、最精彩的观点。随着种种"雷区"的克服，不仅现场访谈的主动权被牢牢把握，节目也因此一波三折，彼此交流变得深刻而到位。所有这些，恰恰是电视问政的真正魅力。

第三节 语言分析：嘉宾激励与现场控制

对于协商类电视问政主持人来说，激励在场的每一位参与者围绕主题畅所欲言是其核心任务。完成这一任务，就必须高度关注语言自身，要充分地挖掘语言中的激励因素，以此服务于对话进展。

激励因素是主持人语言中最具有特质的东西，也是电视问政节目取得成功的关键所在。激励因素包括口语化、幽默性、合作性、针对性以及一些非语言符号系统。节目主持人语言中的激励因素有利于主持人与嘉宾、现场观众的双向交流,正是激励因素保障了节目的顺利进行,大大增强了节目的信息含量。

一、协商类电视问政对主持人的语言要求

电视问政节目是大众传播,而现场谈话首先则是人际传播。现场人际交流与沟通的效果直接决定着大众传播的效果。包括电视问政在内,对于谈话节目主持人语言的研究,学术界已有不少成果。应天常在《节目主持语用学》中,用相当的篇幅对谈话节目的会话语用方式和策略进行了研究,明确提出了适用于谈话节目主持人的语用规律、语用原则。吴郁在《主持人的语言艺术》一书中,专门对谈话节目主持人的语言艺术进行论述,她分析了谈话节目主持人的中心位置以及谈话节目主持人的话语方式,提出"听"与"说"的原则和主持人的幽默等。王梅在《以真为魂、以人为本》一文中,分析了谈话节目的传播特征,探索了主持人的思维及特质,力图寻找谈话节目主持的支点。

以上著述较全面地论述了谈话节目主持人的素质和语言,对提高节目质量有直接的指导意义。然而,对于影响电视问政节目质量最关键、最具特色的因素——主持人语言中的激励因素却没有专门的研究,对于大众传播前提下的人际传播中主持人语言的特质也没有涉及。而这一点正是协商类电视问政节目主持人有别于其他类型主持人的主要特征。一般说来,电视问政节目谈话现场具有以下特点。

1. 双向交流,彼此互动

电视问政节目最一般的形式就是一个主持人,一个或几个嘉宾,一群现场观众,围绕一个主题展开讨论。现场谈话的传播双方、主持人与现场来宾或被采访对象构成了"电视现场"这一有机整体的两个部分。无论是对话题的集中讨论,还是对人物的个别访谈,都是在双向交流中完成的。这是相互影响、相互启发、相互激励的"互动"关系。作为节目的灵魂,主持人起着穿针引线的主导作用,而传达信息的主体则是所有参与者。

2. 电视问政节目谈话现场情境特殊

这种面对面的人际传播与普通的座谈会、谈判有所不同。它一般都在演播室展开,并且是为了录制的需要。在情境的制约下,许多嘉宾和被采

146

访者会感到不适应，从而影响到语言和思维能力。

3. 即兴谈话，真实传播

除了少数剪辑以外，电视问政节目的谈话现场也就是随后节目播出的状态。除了主持人、编导对节目前期有个大概的把握外，节目录制过程中（也就是谈话进行当中），可能出现的情况谁也无法预料。谈话不可预演，一切都是即兴发挥。前期的精心策划和准备是为了谈话的集中、有序和有趣。现场激活的实话、真话，才能保证谈话节目鲜活的时代气息和贴近受众的生活气息。只有当屏幕上呈现了正常状态甚至超常状态的交谈，才能真正实现情感和观点的双向交流，达到沟通和理解的传播目的。

电视问政节目现场的上述三个特点，都对主持人的语言能力提出了很高的要求。主持人必须有效地克服面对面人际交流中的障碍，帮助谈话参与者回到常态、围绕预定的话题展开深入的谈论。

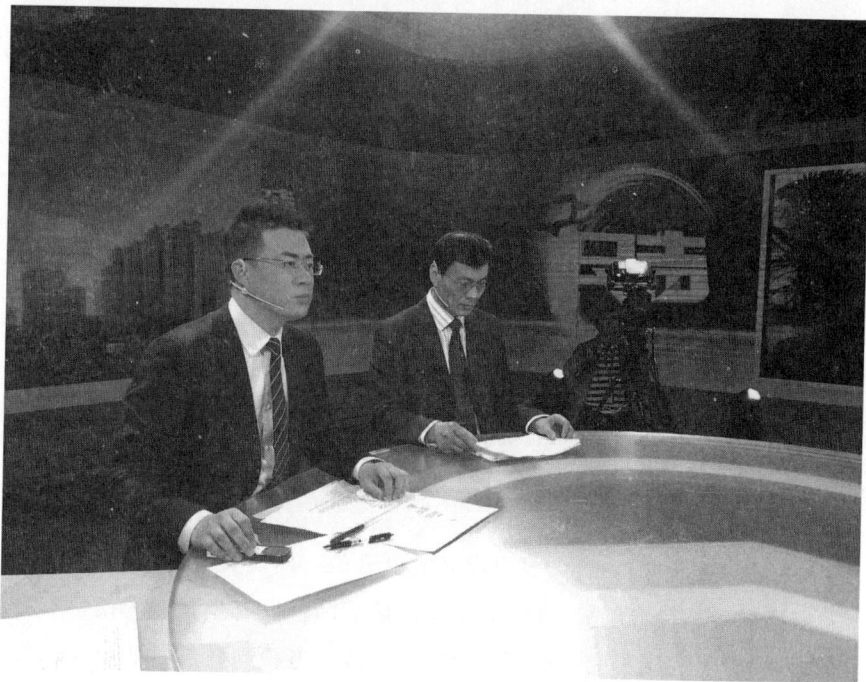

南京电视台《民声》主持人欧林冲（左）

二、协商类电视问政主持人的语言特点

电视问政类节目多是在演播室展开的,参与的嘉宾、现场观众或是采访对象彼此陌生,这些都是人际传播中的制约因素。主持人的作用在于消除这种制约,减少传播过程中的内部干扰,拉近自己与嘉宾、现场者以及现场参与交流的观众之间的距离。实现这些有赖于很多方面,其中,主持人语言中的激励因素尤其重要。

1. 口语化

现场的话题、现实的语境发生的一切才是"逗引发表之欲的总枢纽"(叶圣陶)。电视问政节目中主持人语言应该是在动态的现场产生的鲜活的语言,而不是书面语言的"有声版"。谈话类节目主持人如果总是想着自己的话怎么才能符合"以典范的白话文著作为语法规范",显然是难以适应的。完全的口语化是谈话节目主持人最明智的选择。

口语来自于生活的原态,自然、灵活、通俗、生动。在口语化的语言中,语气词、口语词用得较多,而且句子短小、简单,声音抑扬顿挫,富于感情,表达上更具有主观色彩和具象性。

口语化绝不仅仅是一种更具张力的表达方式。更重要的是,口语化表达使节目录制现场更接近于生活常态。一句句朴实的大实话很好地烘托出了一个自由、平等、开放的谈话空间。轻松、和谐、民主、平等的谈话氛围正是谈话节目的标志性特点。对于参与到说话节目当中的普遍观众来说,口语化不仅是一种说话的方式,更是一种状态,一种理解,一种对于普通人的人格意识的尊重。

2. 幽默性

英国戏剧家萧伯纳说:"没有幽默的语言是一篇公文,没有幽默感的人是一尊雕像,没有幽默感的家庭是一间旅店。"同样没有幽默感的谈话节目也是枯燥的,无法赢得受众欢迎。幽默是协商类电视问政节目的重要创作元素,节目主持人应当充分运用这一元素。

幽默可以消除陌生感。实践证明,幽默对于"群言式"谈话节目,是大家共同追求和倡导的一种风格。幽默可以帮助主持人实现现场的自然交流,激励在场的每个人畅所欲言。

一般来说，幽默对于谈话节目的激励作用除了活跃气氛外至少表现在以下两个方面：一是用以纠偏。在电视问政节目中，嘉宾中难免出现某种错误认识，如果主持人采用正面批评的态度，于节目语境不符，效果也不好。幽默则很好地解决了这一问题。二是控制节奏，缓解矛盾，化解尴尬。由于种种原因，在谈话现场难免会出现一些影响谈话氛围的情况，这时幽默是最好的控制节奏、调节气氛的好办法。当然，主持人的这些幽默都必须以善意为前提，要把握好分寸，以服务现场尊重观众为第一位。

3.合作性

协商类电视问政节目主持人语言中的"合作性"是有助于彼此交流的重要语用原则。主持人语言的合作性表现在"诚实"和"适度"两个方面。

合作性的核心是一个"诚"字。"修辞立其诚"是节目主持人语言中合作因素的体现。美国传播学者唐·库什曼认为："一个人要想进入人际沟通，不需要首肯对方的每个想法，但必须把对方作为一个独特自我或一个重要的个人加以支持，积极的尊重对这种互动来说是最基本的。"[①]"节目主持人从最良好的愿望出发，组织自己的话语，将心比心、设身处地为在场人员着想，体现的是一种儒家道德风范。合作性也体现了古代东方文化的和谐、中庸的哲学思想。在谈话现场，在个人与人的关系上，发扬仁者爱人的精神，更有利于达成人际间双向互动的和谐关系。"[②]

"诚"与"实"又是密切相连的。主持人语言中的合作因素，更重要的是体现在"实"上。在一个适宜的环境中，协商对话参与者可以直抒胸臆、一吐为快。

"辞达而已矣。"主持人语言的合作性还表现在语言的精炼上，也就是说"要言不烦"，不与嘉宾"争话头"。主持人尽量提供对方所需的信息，不提供超过所需的信息。"贯穿于一切风格之中，凌驾于一切风格之上的原则是'适度'。"[③]主持人的作用在于让嘉宾围绕主题各抒己见，尽情表达。以崔永元为例，他少量的语言总是用在以下这些"节骨眼"上：

（1）开头、结尾的宣告；

① 唐·库什曼、杜·卡恩：《人际沟通论》，宋晓亮译，上海知识出版社1989年版，第146页。

② 应天常：《节目主持语用学》，北京广播学院出版社2001年版，第204页。

③ 吕叔湘：《汉语修辞学》《序言》，北京出版社1983年版。

（2）对话题层次的控制和引导；

（3）对讨论主题的概括、提升；

（4）为他人垫话，化解谈话中的语言中断、表达上的不准确等；

（5）插科打诨，烘托气氛。

4. 针对性

在电视问政节目中，主持人经常面对不同话题和不同的谈话对象，即使在同一期节目中，不同身份的嘉宾，对于话题的参与程度和方式也各不相同。要让每一位嘉宾都有说话的欲望并且都有话可说，有赖于主持人语言中明确的针对性。

主持人对于话题的提出，要切合对象身份，善于找准对方的兴奋点。主持人在组织谈话时，要有针对性地点明讨论的重点。主持人常常针对讨论过程中随时出现的兴奋点（众多参与者中观点的矛盾处、不谋而合处或相似处等），通过插话、提问，建立起参与者之间的密切接触，从而活跃气氛，激发兴趣，促进彼此更为深入的交谈。

主持人语言中的针对性还体现在对谈话对象的理解中。谈话是主持人与参与者相互影响，相互启示，相互激励的"互动式"交流过程。就嘉宾和采访对象来说，他们至少希望主持人能与自己谈得来，能听懂自己的意思。说话时那种"棋逢对手"的感觉，往往能激发出发言者的妙语连珠。

由此可以看出，主持人语言中的针对性是激励嘉宾围绕既定话题轻松发挥的重要因素。在语言中恰当地添加针对性因素，可以有效地保证谈话顺利进行，确保话题的深度，大大地增加节目的信息含量。当然这有赖于主持人的快速反应能力和对话题本身的把握。

三、协商类电视问政节目主持人非语言符号的运用

主持人的衣着、举止、细节、技巧的运用都应与谈话现场的语境相适合，所有这些又都体现在主持人独特的人格魅力上（言行举止恰恰是一个人气质和内涵的流露）。谦逊、礼貌、富于同情心、具有强烈的人文关怀意识，这些人格魅力因素，直接给主持人带来了观众的好感，产生信任，有利于消除谈话参与者与主持人之间的隔阂，这是彼此融洽交流的前提。当然，文如其人，品格高尚才可能有语言的得体，才可能有独特的魅力。一个高尚的人在实施与人为善、推心置腹的语用策略时，就会毫不勉强。他们

在平等的对话中，能够做到：忠言不逆耳，理直不气壮，很自然地运用淡化或缓化的方式将某些否定转化过来。所有这些会话中的表现，应该是谈话类节目主持人品格涵养的自然流露。

根据英国语言学家利奇·布朗关于"语言礼貌原则"的研究，这些良好的气质涵养常常表现在以下六种情形中。

（1）得体：减少表达有损他人的观点；尽量使别人得益，使别人少吃亏。

（2）慷慨：减少表达利己的观点；尽量少使自己得益，尽量让自己吃亏。

（3）赞誉：减少表达对他人的贬损；尽量少贬低别人，尽量多赞誉别人。

（4）谦逊：减少对自己的表扬；尽量少赞扬自己，尽量多贬低自己。

（5）一致：减少自己与别人观点上的不一致；减少分歧，增加一致性。

（6）同情：减少自己与他人感情的对立，减少双方反感；增加双方同情。①

非语言符号的运用还表现在主持人对外界事物的调度和使用上。比如：将普通人与专家、高层人士一起安排在观众席上，打破了传统的尊长有序的概念，更显人文关怀意识，冲淡权威性对普通老百姓可能产生的心理压力，有利于亲切平等的讨论氛围的形成。

总之，口语化、幽默感、合作性、针对性以及一些非语言符号系统从不同角度、在层次上构成了协商类电视问政主持人语言中的激励因素。这些是主持人素质的集中体现，也是谈话类节目取得成功的关键所在。

---

① 应天常：《节目主持语用学》，北京广播学院出版社 2001 年版，第 205 页。

第九章　互联网＋电视问政：
一种可能的协商民主实现方式

　　尽管协商可以到处可见，但协商民主并非到处存在。新媒体崛起后，协商民主所面临的社会环境发生了变化。传统协商民主理论中认定的"民主听证会""民主议事会""民主恳谈会"等协商民主的实现形态受到冲击，而电视问政节目《我们圆桌会》则探索了一条不同的路径。实证研究发现，在互联网舆论环境中，电视问政通过组织官员、市民、专家、媒体等各界直接对话，在一定程度上维护民众话语权，达成参与各方的彼此理解，促进"偏好转换"，从而成为协商民主的一种有效实现形式。电视问政实施社会协商的基本路径是：新媒体自由表达—电视问政平台组织面对面协商—形成共识—推动科学决策—影响新媒体表达。

第一节　新媒体的发展给协商类电视问政带来挑战

　　新媒体的发展营造了全新的社会舆论环境：公众对社会事务的参与度更高，但是在形成理性共识方面却遭遇挑战。"伴随着互联网的创立和发展，新闻业的公共论坛功能有了更广阔的发展空间；互联网以最广泛和最深刻的方式展开和推进了这种新闻功能。它的优点不在于个体性而在于社会性，在于相互的交流和对话，在于轻松惬意的民主社交活动。"①在这一背景下，电视问政如何整合新旧媒体优势，进一步提升其社会协商功能，成了一个现实课题。本章基于协商民主理论，采用文献分

---

　　① 迈克尔·舒德森：《为什么民主需要不可爱的新闻界》，贺文发译，华夏出版社 2010 年版，第 42 页。

析法进行研究，从公众表达的特点、社会心态、协商渠道等方面，剖析新媒体的发展给社会协商带来的挑战，分析提升电视问政社会协商功能的实现路径。

协商民主理论认为，公民与官员就共同关心的政策问题进行直接面对面的对话和讨论，是政治民主最基本的要素之一。而在新媒体背景下，面对面对话和协商在对话渠道、社会心态等方面存在着一系列新情况。

一、渠道碎片化影响社会协商的有效实施

在应对各种社会问题的过程中，各地开辟了众多协商交流渠道，其中包括：政府领导与网民进行在线交流，党政机关设置网络发言人和网络评论员，领导人开设微博、微信，让网民对一些重大决策提出意见或投票等。由于互联网是价值中立的工具，它可能为不同的价值主体所使用，服务于不同的目的。一方面，互联网在社会突发事件和热点问题传播上所起的作用，使其有可能成为社会和谐、稳定的助长力，但另一方面它也有可能成为社会动荡不安因素的放大器。

1. 打捞"沉默的声音"面临理性缺失挑战

与早期的微博新媒体一枝独秀不同，近些年微信用户增速迅猛，并在社会舆论格局中发挥杠杆效应。熟人圈传播具有信息互动快捷、可信度高、到达率高、转发率高等特点，因此从微信的朋友圈更易获得及时的信息资讯，垃圾信息较少。意见领袖将微信舆论场的信息传播至微博等其他舆论平台。这些新媒体用户在生活中或者网络上是熟人关系，其言论和情绪一经表达就会迅速得到关注和信任，汇聚成统一意见，加剧社会心态失衡。新媒体背景下公众的个性化表达，会强化社会情绪的宣泄。

2. 传统表达渠道受到前所未有的挑战

在我国，常态的民意表达渠道有人大、政协的提案议案、群众信访、各种形式的听证会等。但是，由于种种原因这些渠道并不能完全、及时地使公众的利益诉求得到满足。当诉求受阻，民众期望受到挫折后，就会引发舆情。众多群体性事件、极端事件证明，如果早期诉求不畅通，就会演变成中期的"热议"话题和后期的"群体"事件。老百姓的意见在每一阶段、每一环节遭受的冷落与搁置，都会导致舆情的发酵。他们往往

会选择以非理性的方式来实现,由此引发网络"围观效应",进而导致舆情事件转化为公共事件。而且利益格局的二元分化使民众的矛头直接指向资源的分配者——政府,人们的关注面转移到公平与效率方面,当诉求得不到解决时,民众对政府的疑虑不满使问题的性质发生了变化,从而成为极不稳定的社会因素。

3.新媒体自由表达引发群体极化现象

新媒体通过跟帖、转发、评论等功能,以网络恶搞、网络道德审判、道德化政治抗争等形式,对各种热点事件进行宣传,传递各自观点和立场。网络是现实社会矛盾的扩大版,多对多的互动传播再加上普遍存在于底层群体的不满情绪,不仅加速了有关政府负面舆论的传播,并且由于互动传播加深彼此的认同、共鸣,从而产生的网络舆论群体极化现象,加剧了政府与公众之间的鸿沟。公众理性表达的缺乏,折射出群体间信任度低、沟通困难、社会运作成本高的现实。

二、社会心态失衡影响社会协商的共识形成

社会心态是某一时期社会群体普遍存在的共同心理状态,是社会心理对当下社会关系、社会生活的即时回应。由于疏于引导,加之对新媒体传播规律认识不足,目前新媒体舆论场已经成为负面情绪发泄的主渠道,新媒体在社会心态调适中产生了消极影响。在社会治理中的各种复杂矛盾、大量敏感信息的刺激下,新媒体传播成为导致社会心态失衡的主要因素。

在互联网背景下,新媒体全方位地将社会大众带入信息和新闻事件的收集、整理、报道、分析、点评和传播的全部过程之中。新媒体个性化的自我参与、自我表达、自由发声、互动演绎,形成了强大的网络社会舆情,广泛而深刻地影响了社会心态。一些突发事件依托自媒体的高速传播、快速发酵,成为当前失衡社会心态的宣泄出口。

社会心态的形成有其复杂性。社会成员一方面表达自身感受以唤起共鸣,另一方面又努力了解别人的感受以调整自己。在两者行为的反复互动和震荡过程中,社会心态逐渐确立,并形成一种"共享的现实"。应该说,社会心态体现了个人与社会的一种不可或缺的联系。而新媒体则提供了个人与群体之间便捷的沟通渠道,建构起更为高效的表达模式。

1. 公众的不信任情绪较为普遍

中国社会科学院社会学研究所发布的《社会心态蓝皮书(2014)》显示：2013 年社会总体信任水平得分为 60.9，处于"尚可信任"水平。而 2011 年社会总体信任水平得分为 59.7，处于"不信任"水平(见表 9-1)。两次研究得出的数据均在警戒线上下波动。

表 9-1　社会总体信任水平分布(％)

	2013 年	2011 年	增减百分点
非常信任	3.9	3.9	0
比较信任	45.6	49.3	−3.7
一般	41.6	35.6	6.0
不太信任	7.9	9.1	−1.2
非常不信任	1.0	2.2	−1.2
社会总体信任水平	60.9	59.7	1.2

资料来源：中国社会科学院社会学研究所《社会心态蓝皮书(2014)》。问卷中选项"非常信任"赋值 11 分，"比较信任"赋值 75 分，"一般信任"赋值 50 分，"非常不信任"赋值 0 分。

2011 年 12 月下旬，中国社会科学院社会学研究所等机构在杭州城区实施问卷调查，杭州城市总体信任得分为 60.3，略高于及格线，总体信任程度处于相对比较低的水平。在接受调查的 8 个城市中，杭州名列第五，低于重庆、广州、郑州、武汉；高于西安、上海、北京。

《中国社会舆情年度报告(2014)》发布的数据也印证了这一点。通过对近年社会舆情事件中"元信息文本"高频词分析之后得出：2011 年，"争议"和"谣言"两个与社会总体信任密切相关的关键词分别位列高频词的第三和第八位；2012 年，与社会总体信任密切相关的关键词"质疑"位列高频词第三位；2013 年，与社会总体信任密切相关的关键词"质疑"位列高频词第一位(见表 9-2)。

表 9-2　2011—2013 社会舆情事件中"元信息文本"高频词 TOP 3

	2013 年		2012 年		2011 年	
	关键词	词频	关键词	词频	关键词	词频
1	质疑	2099	微博	2828	事故	1507
2	官员	2010	网友	2708	死	1443
3	城管	1710	质疑	2304	争议	1228

资料来源：中国人民大学舆论研究所与百度公司《中国社会舆情年度报告（2014）》。数据来源于百度搜索信息。

近年来，仅浙江省就先后出现了 2014 年中泰聚集事件、2012 年宁波镇海 PX 项目事件等网络舆情。究其根源，都与"公众不信任情绪普遍"的社会心态密切有关。当政府失去公信力时，无论说真话还是假话、做好事还是坏事，都会被认为是说假话、做坏事。这种被称为"塔西佗陷阱"的现象在一些地区的一些时期严重困扰着公共治理。

2. 公众的相对被剥夺感日渐强烈

随着经济体制深刻变革、社会结构深刻变动、思想观念深刻变化，社会呈现出"利益多元化、价值多元化"的局面。利益格局的重新调整使一些人的心理失落感日益增加，贫富差距的不断扩大使人产生被相对剥夺感。这种"理想与期待的负面差距"会使人"愤愤不平"。人们比较多地将自己定位为底层和利益受损的弱势群体，把被剥夺归因于社会制度不公与权力腐败。多数人站在被欺凌、被掠夺的受害者立场，审视那些他们想象中的"迫害者"，不满情绪持续发酵。《社会心态蓝皮书（2012—2013）》披露的数据显示，公众相对被剥夺感得分均值处于比较低的水平（见表 9-3）。

表 9-3　相对被剥夺感量表和得分均值

问题	得分（7 点量表）
与周边的同龄人相比，您觉得自己总的生活状况比他们	4.22
与周边的同龄人相比，您觉得自己的社会地位比他们	3.99
与周边的同龄人相比，您觉得自己的经济状况比他们	3.88
与五年前相比，您觉得自己总的生活状况比他们	4.23
您觉得再过五年，您的社会地位会怎么变化	4.59

资料来源：中国社会科学院社会学研究所《社会心态蓝皮书（2012—2013）》。问卷中选项"最好"赋值 7 分，"最差"赋值 1 分，平均值为 4 分。

3.公众的仇官仇富心态蔓延

近年来,某些社会不公现象、干部腐败行为、富人阶层为富不仁行为等大量曝光,引发了强烈的公众逆反心理,甚至滋生反社会倾向。民众在"仇富"心理下对"杭州飙车案"给予高度关注,在"仇官"心理下对各种与干部身份职责、品德能力相关的案件紧盯不放。权力和财富在舆论中受到了前所未有的仇视。"司法不公正,机会不公平,底层老百姓没有前途"等极端化认知在一些社会群体中直接导致盲目的仇官、仇富情绪。

《中国社会舆情年度报告(2014)》研究数据显示:在所有社会舆情(绝大多数为负面)中,关涉主体为官员的近三年分别占 14.7％、18.9％和16.2％,均远超过第二大关涉主体"明星"(机构除外)(见表9-4)。

表 9-4　2011—2013 社会舆情事件关涉主体分布

	2013 年	2012 年	2011 年
省级官员	0.8％	3.8％	0.6％
市级官员	7.5％	9.4％	8.6％
县级以下官员	6.4％	5.7％	7.0％
明星	6.7％	13.2％	11.4％
小计	21.4％	32.1％	27.6％

资料来源:中国人民大学舆论研究所与百度公司《中国社会舆情年度报告(2014)》;关涉主体包括外国、中央、职能部委、各级政府、公检法、央企等企业、明星等。

在以上三种社会心态的相互作用下,怨恨、疑忌、冷漠、暴戾、投机、浮躁、迷茫以及自我弱势现象等失衡的社会心态蔓延。当一些热点事件出现时,借助新媒体表达手段,复杂的、以负面指向为特征的社会心态迅速传播,并主导网络舆情走向。基于新媒体传播的这一社会现象不仅导致了民众与政府之间的不信任,也增加了社会运行成本,影响了居民生活幸福感,甚至危及社会稳定。

三、新媒体表达对社会协商的影响

互联网的虚拟性降低了受众的道义责任,对于社会协商来说,新媒体勃兴带来的挑战日益受到关注。

1. 网络空间的民意表达与理性讨论还有距离

何志武(2010)认为,自由主义的意见表达因其杂乱而难以有序地影响公共政策,只有协商并达成共识才能成为汇集、筛选众意以形成民意的有效过程。于建嵘(2010)、张涛甫(2014)等认为,网民在网上的公共讨论或政治参与,不是真正意义上的协商民主。他们认为,如今在互联网上出现的网络协商民主,是一种被动式的刺激——反应型的政治沟通,是在新媒体语境下大众政治勃兴与协商民主建设"倒逼"精英政治的结果,不是真正意义上的协商民主。就其实质来说,这是一种由现实政治的功能性缺失造成的大众政治行为。这种大众政治寄身于网络,带有民粹主义色彩。新媒体技术助长了网络民粹主义的蔓延,致使民粹主义思潮的流行成为当今互联网独特的景象。

网络民意在表达民意、监督权威方面具有不可替代的作用,但绝对不能混淆网络民意和网络民粹主义二者之间的界限,绝对不能把民粹主义的所作所为等同于"广大群众"的意愿。网络空间的民意表达,与协商民主所要求的理性讨论还有不小的距离。

2. 网络舆论的理性意义受到质疑

杜骏飞(2010)肯定了网络民主的进步意义,但同时也提出质疑——当这种互联网时代的群体力量是以数值优势呈现时,那些一边倒的网络舆论是否始终有统计学的谬误?如果没有,那么有时的网络舆论是否可以因为政治或奢华理性的存在而受尊重?应该受多大程度的尊重?当它与国家意志抗衡时,我们的人类群体智性将如何选择,如何自处?陈力丹(2010)从媒体定位的角度分析了这一问题,指出,媒体只是一类意见的载体,它不拥有以暴力作为背景的"权力",无法仅仅通过反映舆论来体现它的社会功能。在媒体问政中,如果将媒介归入权力体制,这是对媒介职能的误解,在实践上也做不到。媒介并不具有司法和行政的权力,也不具备司法和行政的效力。而超越自身权限和职能归属的媒介审判更是一种角色和功能的错位,应当是媒介力戒的。所以,"媒治"从根本上来说与当前倡导的依法治国的法治精神是相违背的。

四、新闻媒体参与推动协商民主面对的难题

当然,媒体参与并推动协商民主还处于探索过程,这些实践局限于部

分城市、部分地区,没有在更大范围内实施,媒体自身固有的一些优势还没有得以充分展示。媒体参与并推动协商民主还有很多空间。对于媒体来说,在参与协商民主的过程中,以下问题必须得到重视。

1.处理好打捞"沉默的声音"与放大"理性思考"的关系

"传媒所传递的是社会中负责任的成员的理性的和批判性的声音,而不是非理性的和被操纵的意志。"[①]

在参与协商民主的过程中,媒体在民意选择方面往往存在误区,盲目追捧"草根的声音",对于政协委员和人大代表等法定民意代表的意见不够重视。中国传媒大学教授刘昶(2012)在"公共媒体与社会管理创新研讨会"上提出警示:"忽视法定民意代表的作用不利于整合民间那些碎片化的思考。"媒体应避免出现"理性缺失下的狂欢",避免"民粹主义"倾向。

2.处理好随机性参与和制度化参与的关系

媒体在组织公众参与协商方面,随机邀请、接受市民主动报名是当前的主要方式。在现有条件下,这些方式便于操作,简易可行,但是缺乏代表性。对于协商民主而言,广泛的代表性是其合法性的重要基础。制度化的参与不仅要考虑可行,同时还应考虑公民参与的随机性。"抽签"参与,或者基于网络技术的大样本参与、大范围的问卷调查等方式,都将有助于增强协商参与的随机性。

3.处理好媒体自身与政府之间的关系

作为协商民主载体之一,媒体应该成为公共政策协商互动平台,而不应是政府部门的宣传平台。与此同时,媒体推进协商民主必须在政府的主导下进行,不能越俎代庖,不能脱离实际,要在信息公开的基础上,以理性、平等、公开的理念实施,否则就背离了协商民主的初衷,走向民主的另一面。

4.处理好"上层建筑"和"信息产业"之间的关系

媒体参与协商民主的动力来自于其社会职责的履行。但是,作为"信息产业",媒体面临着经营压力,面对着市场利益的诱惑。双重属性的媒体

---

① 展江:《哈贝马斯的"公共领域"理论与传媒》,《中国青年政治学院学报》,2002年第2期,第123－128页。

自身面临着收视压力。面对发展,媒体自身需要资金补充。参与协商民主、投身"上层建筑"需要支出大量的时段资源和人力资源。中国传媒必须自负盈亏,依法纳税。只有从根本上解决媒体参与的动力机制,才能让媒体在推动协商民主、促进政治文明建设的路上走得更远[1]。

完善协商民主,需要推进协商民主广泛、多层、制度化发展。媒体参与其中责无旁贷。作为社会舆论的重要聚集地,媒体价值不仅在于发现了什么,重要的是传递着一份人文情怀以及情怀背后的理性精神。在协商民主的视野下,媒体应该也完全可以扮演好平台搭建者、交流组织者、信息传播者的角色,切实推动协商民主制度在国家政权机关、政协组织、党派团体以及基层民主领域逐步健全。

第二节 线上线下、体制内外的路径整合

按照哈贝马斯提出的理想协商程序的特点,协商民主的规范合法性基于六个标准:一是协商程序的形式必须是信息和有依据的观点交换的过程;二是协商是包容的、公共的,原则上无人受排斥,所有受影响的人都有权参与协商;三是协商不受任何会削弱参与者平等地位的内外威胁的影响;四是协商旨在达成理性推动的一致;五是政治协商可扩展到保护所有人平等利益调整的其他问题;六是政治协商包括对需求的解释、对集体身份的表达,对先前政治态度和偏好的转化。[2] 据此,国内学者对协商民主实践的标准进行概括,认为其核心的两大标志是:运转良好的"偏好转换"和一定程度的"民众话语权实现"[3]。

一、案例分析:环境改造提升工程如何减少扰民

2016 年 3 月,在服务保障 G20 峰会工作中,杭州市实施了城市环境改造提升工程。按照要求,工程需要对城市主要街道沿街建筑物外立面以及

---

① 李良荣:《论中国新闻媒体的双轨制——再论中国新闻媒体的双重性》,《现代传播》,2003年第 4 期,第 1—4 页。

② 毛利西奥·登特里维斯:《作为公共协商的民主》,王英津等译,中央编译出版社 2006年版。

③ 郭鹏:《协商民主的边界》,《中国社会科学报》,2015 年 6 月 12 日,第 2 版。

主要道路进行翻修建设。杭州市区最多时共有 300 多处工地同时施工，城市到处可见工地和脚手架。集中性的改造施工不可避免地给市民生活造成不便。在不解、指责、批评等不满情绪的推动下，网上出现了大量的负面舆论。网民质疑工程组织的科学性和施工质量的可靠性，直斥"又搞面子工程"。

面对网上汹涌的舆论，杭州市政府相关部门单位通过杭州电视问政平台《我们圆桌会》组织了面对面协商交流。2016 年 4 月 2 日，《我们圆桌会》栏目制作播出了《"阵痛期"我们如何度过？》节目中，参与讨论的各方包括政府部门（市城管委、建委、市交通局官员）、部分专家、媒体评论员和普通市民。一面是城市市民日常生活受到影响，另一面是保障 G20 杭州峰会顺利召开。"电视问政：环境改造提升工程如何减少扰民"据此展开讨论。其核心议题是"在城市改造阵痛期，如何取得市民的理解，减少扰民，保质保量完成改造工程？"这一公开进行的社会协商活动，成为问题得以缓解的重要节点。

选择"电视问政：环境改造提升工程如何减少扰民"（播出时题目为《"阵痛期"我们如何度过？》）作为研究对象，主要基于以下考虑。

1. 案例所涉事件性质具有典型性

G20 峰会城市环境改造提升工程，是城市重大事件背景下的热点问题，也是事关公共利益的城市治理难题。城市治理面临"保障城市重大活动举行"与"减少市民日常生活干扰"之间的"两难"选择。针对这些问题，市民能否理解？施工方能否科学组织、减少扰民？相关方都要做出努力和让步。只有通过协商互动，才能找到共识，推动问题解决。剖析该案例对于开辟协商新渠道，推动形成兼顾各方利益的城市治理模式具有借鉴意义。

2. 该案例所依托的协商形式具有可复制性

"电视问政：环境改造提升工程如何减少扰民"在杭州电视台《我们圆桌会》栏目公开播出，其协商方式和互动模式相对固定。

在协商运作方式上，此次电视问政活动采用《我们圆桌会》的固定模式，即围绕特定议题，主持人组织官员、专家、市民（或者当事人）、评论员一起进行公开讨论。栏目据此构建了"播出前"与"播出后"的两套互动机制。

播出前："线上线下"互动传播。

针对热点话题,网上征询网友的意见建议→通过政府联动机制发函指派党政官员进演播室,邀请专家和评论员参与讨论→演播室讨论过程中网上微信群微友适时参与讨论,或者以游走字幕反馈意见建议。此外,栏目还组织进社区、进企业、进乡村设立"社区小圆桌"等活动,让更多市民参与讨论。

播出后:"体制内外"相互影响。

在电视问政交流协商讨论中,代表"体制内"的官员与代表"体制外"的网民和普通市民面对面交流。在此基础上,协商交流的成果不仅借助电视台和网络渠道进行公开传播,还经由"体制内"渠道进入决策程序。其流程是:整理各界意见形成书面材料→纳入杭州市"人民建议"征集范围→引起党委、政府关注推动问题解决→影响网络舆情→促进城市治理。

3.案例所涉及的新媒体时代背景具有典型性

2016年3月下旬至4月上旬,在杭州本地"19楼"社区,以及微博、微信平台,"G20峰会城市环境改造提升工程"扰民问题关注度高,网民讨论热烈。网民对于集中性施工意见很多,有网民抱怨"全中国的脚手架都运到杭州来了",更多网民对于出行受影响表示不满,对于临时性的、建筑物的立面整治表示不理解。在"电视问政:G20峰会城市环境改造提升工程"播出后,网上舆论逐步趋于理性,支持和理解的声音逐渐占了主导。

二、实施路径:重大城市治理事件中的社会协商

1.民众话语权的实现情况

"一定程度的民众话语权实现"是社会协商的基础。民众话语权的实现需涉及"参与人员状况""现场表达情况"和"对公共决策产生实质影响"等因素。

（1）参与人员状况

针对"G20杭州峰会环境工程扰民问题",协商现场参与人员11人,通过场外采访和其他媒介形式参与7人次,合计18人次。其中,现场参与的党政官员分别是:杭州市建委城市建设管理处副处长王晓春、杭州市城管委市政监管中心副主任严向军、杭州市公安交警局交警支队唐骥等5位;专家为浙江工业大学教授、杭州市决策咨询委员会委员吴伟强;热心市民

分别是：曹骏、王鲁民、马海风等4位；特约评论员为新华社浙江分社高级记者方益波（见表9-5）。

表9-5 不同群体在协商活动中的参与情况（《"阵痛期"我们如何度过？》）

	人数	在总人数中所占比例
官员	5	28％
市民（现场参与）	4	22％
市民（场外采访）	7	38％
专家	1	6％
媒体评论员	1	6％
合计	18	100％

在这场电视问政协商交流中，市民（包括现场内外）所占比例分别是60％，人数占比最大。作为分散的主体，市民占比高有利于反映出多元的利益诉求；人数占比居第二位的是官员，为28％。

（2）现场表达情况

从现场谈话内容看，节目播出时间为40分钟。为了便于分析，本研究将对话现场发言全部转化为文字，按照文字量进行统计，结果如表9-6所示。

表9-6 不同群体在协商活动中的话语权实现情况（《"阵痛期"我们如何度过？》）

	发言字数	在总发言中所占比例
官员（共5人）	3818	37％
市民（共4人）	1810	17％
市民（场外采访）（共7人）	301	3％
专家（共1人）	1000	10％
媒体评论员（共1人）	561	5％
主持人（共1人）	2964	28％

统计发现，在《"阵痛期"我们如何度过？》节目中，发言机会按照顺序排列分别是：官员（37％）、主持人（28％）、市民（20％）、专家（10％）、媒体评论

员(5%)。可以发现,市民发言机会排名为第三,次于"官员"和"主持人",高于"专家"和"媒体评论员"。

（3）对公共决策产生的影响

民众话语权的实现有一个重要标志,即"是否对公共决策产生了实质性的影响"。跟踪该案例发现,其答案是肯定的。

案例中,公众基本诉求有两个方面:一要明确城市环境改造提升工程的主要目的。"一切为了G20""大干100天、服务G20"等宣传口号容易误导视听。有市民认为,城市改造工程不仅是为了G20,更是借G20的东风,进行城市提升改造,提高城市管理水平和市民生活环境。二要更好地满足市民在工程建设方面的知情权。节目中有市民提出了"四个不知道":施工周期不知道、施工效果不知道、出行方式变更不知道、施工具体目的不知道。因为不知道,所以不理解,进而形成了较为普遍的焦躁、不安、不满情绪。

2016年4月,杭州市决策咨询委员会根据现场讨论的意见向市领导递送了《关于峰会环境整治提升工程中若干问题的对策建议》,提出解决该问题的10条对策。4月22日,时任杭州市长张鸿铭做出批示:"有关问题已引起市区二级及各方的高度重视,但仍要抓好整改落实,健全制度,加强统筹协调,进一步增强市民群众的参与度和获得感。"4月24日,时任浙江省委常委、杭州市委书记赵一德就此事做出批示:"峰会环境整治提升工程已进入关键时段,特别需要多听意见,多找短板,并切实加以改进。这份《对策建议》提出的问题要引起高度重视,相关建议尽快研究落实,迅速分头转达相关区和市有关部门。"4月27日,在杭州市"两学一做"专题党课暨学习教育部署会上,赵一德重申此事,要求抓好落实、整改。此后,相应的改进措施迅速落实,不合理的宣传口号被撤下,工程施工情况被广泛告知。市民对工程建设不理解的情绪逐渐平息。2016年6月,环境整治提升工程如期结束,2016年9月G20峰会顺利召开,杭州呈现出一个"独特韵味、别样精彩"的美丽风貌。

2.民众话语权的实现路径

研究发现,官员、市民、专家以及媒体代表通过电视问政平台进行社会协商,不仅当场达成了一定程度的相互理解,而且事后通过体制内运行机制使问题迅速得到解决,缓解了网络舆情中的紧张对立情绪。在流程设计上和协商组织上,《我们圆桌会》通过多渠道参与等方式,保障了民众话语权的实现。

(1)邀请普通市民参与现场对话

包括该案例在内,《我们圆桌会》每一期节目都会邀请普通市民或者利益相关者参加,普通公众代表约占到嘉宾总数的五分之一。

(2)组织普通市民在场外灵活参与

节目采用街头拦截采访的方式对普通市民进行话题采访。场外与场内的互动,弥补了普通市民无法更多走进演播室的缺憾。

(3)吸纳网民意见

通过网络参与的市民意见也都得到了比较充分的展示。栏目设置了"网络观察员"板块,对于通过网站以及微博微信留言的,工作人员进行统一整理后,接入演播室,组织现场嘉宾做进一步讨论。

(4)给予平等的发言机会

讨论现场每个参与者都配有麦克风,发言没有受到限制,参与交流的人员可以自由表达。

(5)实施有效的现场把控

普通市民在第一次面对电视镜头时大多会出现紧张情绪,无法畅所欲言。为了保障普通市民的话语权得到充分表达,主持人采取主动邀请发言的方式。在该案例中,主持人主动安排普通市民发言3次。

从"电视问政:环境改造提升工程如何减少扰民"的社会协商及决策过程可见,这一方式并不是传统的"自上而下"的信息传输,而是努力把公共理性传递到城市的各个层面。其基本运作思路是"关注公共事务——发动公众参与——组织公共讨论——谋求公共问题解决"。实践表明,通过协商对话不仅可以达成一定程度的相互理解,而且可以推动问题解决,缓解网络舆情中的紧张对立情绪。

3.偏好转换的实现情况

按照协商民主理论,成功的社会协商应该有效地实现偏好转换。以此为视角,这里对案例文本作进一步分析,考察其协商运作的情况。

节目中,嘉宾对峰会整治工程中出现的问题进行了深入讨论,具体话题包括"现阶段存在的问题""现有问题原因分析"以及"下一步应该怎么办"等。分析发现,在电视问政过程中,在节目开始时嘉宾的观点和结束前的观点有明显改变。具体情况如表9-7、表9-8、表9-9所示。

表9-7 市民参与协商交流的观点改变情况

	开始时的观点	结束时的观点	转化的性质
市民甲观点1	整治工程信息不够公开	整治工程信息不够公开	坚持
市民甲观点2	对该工程未来成效不看好	对该工程表示理解	改变
市民乙观点	希望了解工程的效果及工期	提出建议,整治工程应有后续规划,要同步解决综合问题	产生新观点

表9-8 官员参与协商交流的观点改变情况

	开始时的观点	结束时的观点	转化的性质
官员甲观点1	整治工程将卓有成效	整治工程将卓有成效	坚持
官员甲观点2	只介绍整治工程内容	补充介绍工程完工时间	改变
官员乙	增量工程应保质保量	做好增量工程之外,存量工程要全面检查	产生新观点

表9-9 其他人员(专家、评论员)参与协商交流的观点改变情况

	开始时的观点	结束时的观点	转化的性质
专家观点1	整治工程应与市民沟通	整治工程应与市民沟通	坚持
专家观点2	对工程建设周期太长提出异议	对正常的建设周期表示理解,并向建设人员表示慰问	改变
评论员	关注工程质量问题	提出应建立责任终身制,以保障工程建设质量	产生新观点

分析发现:通过现场讨论,市民和官员的意见在节目中都得到了相对充分的表达。在信息交换和沟通了解中,双方都做出了明显妥协,产生了新的建设性意见,形成比较一致的观点,达成了共识:"城市整治工程应多与市民沟通,应该把这些信息完善地、全面地告诉市民,争取理解,合作解决问题。"

4.偏好转换的实现路径

对案例进行分析后发现,促使协商参与者观点发生转变的原因,主要是受两个方面因素的影响。

(1)充分的信息共享

对于所讨论的问题,节目披露了大量背景信息,不仅包括政府部门掌握的信息,也包括市民舆情、现场情况等来自民间的信息。充分的信息交流与共享是社会协商的主要功能。比如,市民对于环境整治提升工程存在诸多"不知情",这些情况是政府职能部门所不掌握的。在电视问政平台上,这些意见一一展示出来,为下一步解决问题提供了明确的方向。现场发言情况如下:

【热心市民郑凌】:这个措施是什么时候规定的? 有关规定要让交通参与者、让公交部门提前知道,对不对? 但是公交部门是临时接的电话,临时改的道。我觉得工作还要做得更细致、更到位,要负责任。这样就会更多地取得市民的理解。

【主持人张平】:这个感觉就是太随意了。

【热心市民郑凌】:这是昨天(3月30日)早晨的事情,5点40分的班车。

【新闻评论员朱成方】:刚才听了,(知道)几个部门干了很多很多工作,(他们)也希望我们老百姓能理解。那么,怎么让我们老百姓理解呢? 我看现在有四个"不知道"。建议你们把这四个"不知道"变成"知道",我就没意见了,我就会双手赞成。

【主持人张平】:好,谢谢。

(2)敏锐发现意见领袖

在互动交流中,特约评论员方益波直截了当提出:"让市民理解要有内在驱动力""宣传口号不合适"。这些观点准确地提炼了网民意见,发现了问题的本质,引起了现场观众的共鸣。

现场发言情况如下:

【特约评论员方益波】:刚才这么多主管部门讲了很多技术上的这样做、那样做,讲了很多。但是,讲了那么多之后能不能解开市民群众的心头结? 我觉得恐怕还是很难! 我觉得,关键还是要有一个内在的驱动力。(现在)什么都是为了迎G20峰会! 奋战多少天,拿下什么,那都是几十年前很老很老的那种宣传口号了！首先,它不科学。其实我们这个工程完全应该是一个长期的、长远的考虑,是利在长远的。这一点为什么没有说清楚呢?! 结果就是好事没有得到好的理解,产生很多问题。

案例中,网民和专家意见的呼应使得这一观点得到强化。

5.电视问政作为协商民主实现形式的必要条件

分析案例发现,电视问政作为"官民互动"的一种协商方式,带有强烈的民本意识、沟通意识和治理导向等特点,这是其作为协商民主实现形式的重要基础。而要真正实现协商民主,需要同时具备几个必要条件。

(1)线上线下的及时回应

网络表达的"极化"现象虽然不利于理性协商,却有利于暴露问题,并引起重视。演播室现场沟通虽然随机性不够,却利于深入交流。本案例以及所依托的栏目实现了两者有机统一,把网络表达功能和媒体议程设置功能相结合,通过线上线下交流,实现了有机互动。多种形式的"互动"是确保其作为协商民主实现形式的关键。

(2)专家参加

在社会阶层互动中,专家起到重要的引领作用。从重表达到重思考,社会协商活动因为专家参与而发生着重大变化。

(3)政治吸纳

协商成果是否为治理决策所用,是协商活动与协商民主活动之间的本质区别。在相关问卷中发现,"说了有用"是公众参与协商民主的重要因素之一。无论是促进参与,还是推进治理,有效的政治吸纳是协商民主活动的关键。

三、制度设计:依托电视问政推动基层协商民主

该案例提供了一种理想的模式,即"依托电视问政开展协商民主"。研究发现,电视问政在一定条件下可以通过协商手段达成共识,成为协商民主的一种实现形式。新媒体发展和民主政治的推动是电视问政由"协商平台"发展为"协商民主"实现形式的外在因素,而基于电视问政"官民对话"这一基本架构,开放式制度设计则是其内在因素。

1.对民生议题的关注

"离开民生、民意讲民主,民主就很难在普通民众中真正扎根。从本质

上说，民意、民生和民主是一种互构、互助的关系。认清这一点，必将大大有助于我们弄清楚中国大陆民主政治的发展战略究竟应该怎样设计，发展道路究竟应该怎么走。"①电视问政的议题选择应充分尊重民意，并且围绕民生展开。从网络话题的回应，到组织协商，再到推动问题解决，电视问政平台有效地保障了民众话语权，实现了偏好转换。其基本路径是：新媒体自由表达——电视问政平台组织面对面协商——形成共识——推动科学决策——影响新媒体表达。新媒体自由表达在某种意义上起到了议程设置作用。

2. 四界联动

在互联网背景下，并不是单纯地"让普通市民多说话"就是民众话语权的实现方式。实际上，那些缺乏理性的声音无法真正代表民意。在民众话语权保障方面，案例及其所依托的电视问政栏目给各方设定了不同的任务与作用：普通市民主要讲述案例和积极提议，体现出"草根"的特点；专家学者提供数据分析、技术支撑或学理建议，体现出"智者"的特点；评论员中立客观、理性平和、激发民智，体现出"分析者"的特点；官员在政策保障、可行性操作等方面提供解释，体现出"公允"的特点。在对公共政策进行协商的过程中，参与各方的角色越来越清晰：官员代表公共利益说话；市民代表个体诉求说话；专家代表社会第三方说话；行业或社会组织代表群体诉求说话。"四界联动"的协商架构安排，形成了多元利益的集中表达。在此基础上，民众的话语权得到充分保障。

3. 观点吸纳

案例及其所依托的电视问政栏目通过平等对话，使嘉宾的身份从对城市治理的"旁观者"转变为"参与者"，从对政策措施的"抱怨者"转变为"提议者"，从被动的"乌合之众"转变为主动的"情绪疏导者"。这些为政治吸纳打下了建设性和理性基础。对于节目中达成的共识，栏目组形成专门的政策咨询报告，递送城市决策者。事实证明，这种协商交流活动与城市决策层形成了良好互动，不少经由协商取得的共识性意见和建议也在日后的政府工作中得到了落实。

---

① 余逊达：《公民参与与公共民生问题的解决——对杭州实践的研究和思考》，《浙江社会科学》，2010年第9期，第34—44页。

4.信息公开

该案例显示,官员参与对话交流有助于实现更全面、更彻底的信息公开。在协商过程中,就 G20 峰会城市环境改造提升工程的实施,提供了大量的细节信息,其中包括"工程组织""未来的效果"等细节。这些是此前政府信息公开所没有实现的。

与"信息公开"一样重要的还有"对话的全过程被公开"。大众传播的最大特点是一个媒介面向全社会传播信息,没有明确的传播对象。在现场对话中,嘉宾围绕主题,表达所见、所闻、所思,同时接受"谈话对象"以及"不确定对象"的推敲和审视。这对于双方嘉宾来说都是清晰的提示——实际上,对话参与者在表达自身诉求、说服对方的同时,也是在努力说服电视机前的公众,形成有利于自己的舆论。这种"观点的曝光",比"事实的揭露"往往更有约束力,更有助于参与者的理性表达。

在互联网条件下,共识的形成往往带有很大的随机性和不确定性,但是电视问政却增加了协商民主的确定性砝码。论证电视问政是协商民主的一种实现形式,其意义在于为网络条件下协商民主的实现渠道提供了一条新的路径,有助于丰富新媒体背景下协商民主理论,也为社会治理中开展更有效社会协商活动提供理论参考。

总之,在城市治理中,重大决策往往与民生利益密切相关。这些决策不仅包括技术性因素,同时也包括民生因素。前者需要专家来思考并拿出解决方案;后者则需要公众参与,通过广泛的沟通交流,理清各方利益关系,形成一定共识,进而推行地方治理民主协商。"如果只是用专家的技术手段论证科学决策,会忽视决策中的民众利益。协商民主提供了一套反映、整合民众利益需求的机制,并且这套机制是建立在现代社会科学基础上的公共政策制定的方法。"[①]探索协商民主的实现形式,是实现公众理性回归的需要,也是现代城市治理的迫切需求。

---

① 何包钢:《协商民主和协商治理:协商民主是解决外嫁女上访问题的一个有效方法吗》,《北京论坛(2011):文明的和谐与共同繁荣:传统与现代,变革与转型之"协商民主与社会和谐"政治分论坛论文及摘要集》,2011 年,第 71—94 页。

第三节 关于构建多层次社会对话平台的思考

我国正处于改革攻坚期和社会矛盾凸显期，利益格局深刻变动，社会热点舆论事件多发，区域与城乡发展的不平衡使差距加大，就业、社会保障、收入分配、教育医疗、住房、安全生产、社会治安等关系到群众切身利益的问题比较突出，各种利益关联群体的态度由过去的观望转变为积极参与。"就目前而言，普通民众已经获得了越来越充分的政治参与机会，但民众的声音与公共政策之间的脱节和非连续现象却依旧突出。建立政治参与与公共决策之间的长效沟通机制，是实现民众话语权的必要条件，也是扎实推进民主政治建设的题中之意。"①各种表达与交流的渠道的有效性值得我们进一步反思。

公众参与有利于整合社会阶层利益、化解社会矛盾，有利于增强公共决策的质量，有利于为依法治国营造良好环境。网络论坛、新闻谈话节目等公共空间是公民自由表达、交流的场所。这些公共空间概念的确立，有利于人们更加理性地对待个人与社会。李良荣(2014)指出，就目前的情况来看，最有可能实现有效社会协商、在社会范围内形成对话机制的平台就是以互联网和新媒体为主要介质的媒介体系。以网络技术促进我国协商民主制度的建立健全，既是我国国家治理未来的趋势所在，也是传媒业改革与发展的方向。叶皓(2011)、张瑜烨(2013)、李勇(2014)、杨炼(2015)等研究者认为，在推进我国依法治国、协商治理进程中，政府推动是长期处于主导地位的动力机制，但可能导致法治建设手段与目标间的逻辑困境、法治建设动力衰减和民众参与信心不足。我国依法治国的动力机制将实现由"政府主导"向"政府主导和公众参与相结合"的转换。

一、协商渠道：以媒介融合为方向的路径整合

电视问政是依托电视台而存在的节目样式。但是，在新媒体环境下，电视问政早已不再是单独、孤立的存在。就社会协商来说，电视问政是一个媒介融合的结点：一方面是网络舆情的承接者；另一方面也是现实交流

---

① 郭鹏：《协商民主的边界》，《中国社会科学报》，2015 年 6 月 12 日，第 2 版。

协商的组织者。

网络舆论事件及其网络表达的基本流程往往是"新媒体首发,传统媒体推动"。网民在微博、QQ群等平台上发帖、跟帖,形成网上舆论场,引起线下社会公众对事件的关注,以及传统媒体的跟进,舆情因此得到再一次放大或者纾解。"新旧媒体的介入,不仅让事情本身所涉及的问题以一种非常的速度与效果得以解决,而且使很多网络舆论事件从一个单纯的案例延伸并转变成为具有一种普遍社会价值和影响的媒介事件。正是传统媒体与网络媒体的互动,促使这些案件不再停留于孤立的社会案例状态,而快速地进入到与类似事件关联的、与权力体制及权利冲突关联的、具有一定普遍意义的社会媒介事件的语境中。"①在媒介融合中,实现多种渠道的整合,并且因此产生新的功能。

1."主流观点"不缺席

媒体应该注重主流话语的传播,通过知识分子、意见领袖的参与影响舆论。"在某种程度上说,主流话语进入公共空间的程度,决定着公共空间与公共话语平台的品质。"②媒体应该以更积极、更开放的心态,营造属于公众的公共领域,并使之成为理性的、建设性的讨论平台,促进公民意识的形成及公民社会的成长。

2.提供完整信息

事实被报道的过程也是信息被重新编辑、过滤的过程。围绕客观理性的思路,媒体在报道(过滤信息)过程中,要有自己的理性判断。理性的编辑思维就是告别非此即彼的简单化判断,注重社会责任,杜绝猎奇炒作,进行深入分析。

3.关注重大事件

就电视问政而言,对话内容至少涉及以下四个方面:城市重大公共问题的地方立法或行政决策;城市重大公共问题的解决方案;城市重大公共问题的法规、政策与解决方案的实施;对城市重大公共问题的法规、政策、解决方案的执行与落实情况进行绩效评估和社会评价。

---

① 陈玉霞:《新媒体与中国政治民主》,《新闻研究导刊》,2012年第2期,第56—59页。
② 吴祚来:《主流话语进入程度决定公共空间品质》,《人民日报》,2010年12月16日,第11版。

二、协商领域:"线上线下"融合的公共空间营造

与网络论坛一样,电视问政是公民自由表达、交流的场所,同样属于公共领域。协商类问政的主要手段是推动"对话交流"。面对公共关心的话题或者问题,迅速找到其相关方,在合适的时间、地点,按照一定的议程进行交流,及时传播协商结果,是协商类问政的一般路径。其重点不仅在于发现了什么,更重要的是以媒体的平台资源,把所有相关方纳入一个协商沟通的议程。

传播的本质是双向互动,互动有利于促进社会各界相互更多的了解,不断深化社会信任。在媒体发起的公开交流背后是政府主导、各界参与。在公开讨论中,参与者不仅要面对问题现状,也要面对个人体验,不仅要考虑操作细节,也要关注历史渊源,每个人的发言都要接受大众审视。这种方式更多地倾向于理性互动,体现媒体在参与社会管理上的深入思考。

依据德国传播学者纽曼"沉默的螺旋"理念,大多数人一般都害怕因自己的观点与众不同而受到孤立,因而不愿固执己见。在电视问政平台,参与协商交流的各方围绕同一话题,以"提出问题——分析问题——讨论问题——提出建议"为主线,在对话、交流中进行引导,通过理性沟通,达成相互理解和谅解,形成社会共识。在大众传播的压力下,持非主导观点和意见的人,也就是"沉默的人"越来越少,正如一个上大下小的螺旋。多层次多视角的对话讨论,使得多方观点的碰撞成为可能,也使单一视角下的偏激得以消除。随着对话的层层展开,观众接受新的信息,在共鸣中深入思考,一步步建立起理性的自我判断。

1.面对面协商

通过相互沟通、交流可以达到相互理解和妥协,进而取得一致。在《协商民主:理论、方法和实践》一书中,海外学者何包钢认为,面对面协商交流是培育个人理性、公共理性的重要途径。

2.推动"包容差异"的文化认同

在利益多元、观念多样、思想多变的今天,"差异"必然存在,面对不同的声音,或者可能出现的极端声音,应该塑造一种充分包容的社会文化。

3.营造"彼此尊重"的规则意识

"公共领域应有一种起码的底线规则,建立起码的公共理性,这一点也

不妨碍自由,而是为了更好地获得自由,并且为自由有所担当。"无论是面对面直接交流(如电视新闻谈话),还是超越时空的间接交流(如网上互动),作为平台的搭建者,媒体都应该构建一种文明理性的议事规则。只有强势的一方懂得尊重弱势的一方,共同遵守并使用同样的规则,才能真正搭建理性的、建设性的讨论平台,在"尊重"和"交流"互动中寻找共识。

三、协商平台:思路、原则与运作机制

协商民主必须建立在一定程度的民众话语权实现的基础之上。缺失了民众话语权的政治参与必然流于形式,也产生不了真正意义上的协商民主实践。民众话语权的实现程度决定了政治参与的广度和深度,深刻影响着协商民主实践的成功概率和最终效果。

1. 构建社会对话平台的总体思路和原则

构建社会对话平台的总体思路:以"富民强市、社会和谐"为主旨,以"让我们生活得更好"为核心理念,以"汇聚民智、加强沟通"为目标,建立党政、市民、媒体"三位一体"和党政、院校、行业企业、媒体"四界联动"的交流沟通平台,实现多方互动、各界交流、相互沟通、彼此理解。

根据《我们圆桌会》《民声》《政情民意中间站》等协商类电视问政活动的实践经验,构建社会对话平台应遵循以下原则:

(1)依法协商、法德相济原则

在协商过程中要大力弘扬社会主义核心价值观,使法律的规范作用与道德的教化作用相结合,法律和道德相辅相成,法治和德治相得益彰。

(2)平等公开原则

参与协商的相关方之间应平等相待,不平等就无法开展协商,也不会有公平。协商不能暗箱操作,应公开透明,接受社会监督、法纪监督与道德检视。

(3)建设性与可操作性原则

协商参与者要立足于建设性的公共理性,从善意、积极、负责任的角度,提出符合公共利益的合理的、合法的与可操作的建议。

(4)包容性与共识最大化原则

协商参与者要善于换位思考,坚持平等相处、互相尊重、加强互信、扩大共识,寻找各方都能接受的方案,以解决现实问题。

（5）次优与妥协原则

协商参与者要善于为了公共利益进行必要的妥协，积极寻找各方诉求的交汇点与利益的结合点。

（6）兼顾少数、照顾弱势利益原则。

2．构建社会对话平台应关注社会热点、难点和焦点问题

在构建社会对话平台的过程中，应主动回应群众关切的问题，把城市治理中的热点、难点、焦点问题作为对话交流的主要议题。在话题选择上应由小见大、由浅入深，从民生小话题引出宏观大视野。对话内容至少涉及以下四个方面：城市重大公共问题的地方立法或行政决策；城市重大公共问题的解决方案；有关城市重大公共问题的法规、政策与解决方案的实施；对有关城市重大公共问题的法规、政策、解决方案的执行与落实情况进行绩效评估和社会评价。

在话题剖析中，应注重市民生活与经济社会发展相结合，注重新闻事件切入与社会现象分析相结合，注重背景分析与社会心理分析相结合。

3．构建社会对话平台应注重各界代表和利益代表的参与

在组织动员公众参与方面，党委、政府应带头参与，以此推进党务、政务公开。此外，还要建立一整套参与机制，保证社会对话平台的广泛代表性，尤其应注重以下群体的参与：

（1）普通市民

通过微博、微信、热线电话、观众调查等渠道，引导市民和当事人参与对话，鼓励、帮助普通市民实现自我表达的需要。

（2）行业企业界人士

行业企业与社会组织是参与经济社会建设的主力军，平台应邀请行业企业界和社会组织代表（可以是当事人，也可以是旁观者）。

（3）专家学者

应邀请社会学、经济学、管理学、心理学等方面专家参加话题讨论。

（4）人大代表、政协委员

与各级人大、政协组织合作，探索人大代表、政协委员通过媒体与各界互动交流的制度。

在构建对话平台的过程中，还应把公众参与制度与现有管理制度结合

起来。尤其应注重与"公民导向的综合绩效考评(满意不满意评选)""开放式决策""社会复合主体建设"相衔接,构建一个党政和社会各界平等参与的沟通平台,在信息公开与民主协商的基础上增进理解、消除分歧。

4.构建社会对话平台应建立与各类媒体的联动机制

媒体的"公众属性"决定了其在组织各阶层人士参与公共事务研讨时具备着独特的优势。创办社会对话平台应充分发挥各类媒体平台搭建者、内容点评者、协商组织者的作用。

(1)上下联动

从中央、省市级媒体,到社区报、公众号、微博,发挥各类型媒体的传播功能,通过微信、热线电话、观众调查等渠道有效地找到当事人和参与者,帮助普通市民实现自我表达的需要。

(2)立体传播

实现传统媒体与网络新媒体的同步参与,以"沟通"为核心开展各种形式的互动传播。

(3)整合提升

坚持以知识与价值引领发展,注重传播品质,做大做强互动传播平台,体现城市的人文关怀。

5.探索建立由社会组织承办的社会对话平台运作机制

社会对话平台的运作应注重有效性和可持续性。鼓励新闻媒体、行业协会、民间非营利性组织等各类社会组织依托自身的行业背景和专业知识参与创办社会对话平台。建议:一是完善政府购买服务,通过制度化的政府投入机制,激励平台的创新和完善;二是制定社会对话平台规范运行的指导意见;三是整合现有平台的人员、资金、播出渠道等运行要素,实现社会效益最大化,确保相关创新平台的持续提升与发展。通过互动交流促进社会各界相互了解和信任,最终形成"倾听民声、吸纳民智、凝聚民心,形成便捷通畅的多元化诉求表达网络"。

总之,在新媒体背景下,社会协商面临着"社会心态失衡""渠道碎片化"等困扰。电视问政应在媒介融合中提升社会协商功能,注重"官员及各方的制度化参与",积极推动"协商成果的制度化落实"。

法兰克福学派的第二代领袖哈贝马斯认为,在沟通行动中一切的声称、承认、假定、预设都必须出自一种反省的形式，即必须发展成为一种相互的期望。只有公民与公民之间、公民与政府之间有了良性互动，社会才能在稳定的轨道上实现经济社会的转型发展。实际上，并非所有的冲突都无法先期控制、先期化解，关键是要充分了解民意、重视民意、敬畏民意。媒体在转型期承担什么样的责任？除了报道真相，就是推动协商对话、搭建平台。由媒体搭建的、具备"公平""公开""公正"特性的沟通对话平台，既是有效的公众表达窗口，也是民众督促政府科学决策的重要渠道。

附 1

中国电视：娱乐和理性的纠结（演讲）

时间：2013 年 9 月 18 日
地点：新加坡南洋理工大学人文与社会科学学院第 9 研讨室
主持人：新加坡南洋理工大学信息与传播学院助理教授林翠绢博士

各位，晚上好！从新加坡出发，向北飞行六小时就可以到达中国。六个小时的飞行距离，大约 6000 公里就是新加坡和中国之间距离。我们说距离产生美，但是距离也产生"模糊"，使人们之间缺乏更多的了解。接下来，我将说说中国电视的一些现状，争取用一个小时拉近那"六个小时的飞行距离"，让大家更多一点了解中国，了解中国电视。希望我的演讲不会浪费大家的时间。

一、中国电视：娱乐节目大行其道

在中国某个客厅里，打开电视机收看电视，大家有这样的经历吗？（回答，有）那么，你们知道今天中国最火的电视节目是什么吗？《中国好声音》，还有《非诚勿扰》！没错，这是中国大陆地区目前两个最受欢迎的节目。

目前中国电视台总数达 4000 多家，它们都是经国家广电总局正式批准设立的。据统计，中国电视台总数为日本的 22 倍、美国的 3 倍以上，稳居世界第一。同样，中国电视频道数量、节目总数量也位居世界第一。接下来我想通过几个排行榜分析一下当前中国电视的主要节目。

榜单1 TV 地标(2012)中国电视栏目综合实力大型调研成果榜

年度栏目：

《中国好声音》（浙江卫视）

年度上星频道电视栏目前五强：

《中国好声音》（浙江卫视）

《今日关注》（中央电视台中文国际频道）

《非诚勿扰》（江苏卫视）

《中国达人秀》（东方卫视）

《中国梦想秀》（浙江卫视）

榜单2 TV 地标(2012)中国电视栏目推荐委员会推荐榜

一个选秀节目：《中国好声音》

一部专题片：《舌尖上的中国》

一部电视剧：《甄嬛传》

（来源：《2012 中国电视红皮书》）

在这里，大家会不约而同地发现，最受欢迎的节目几乎都是娱乐节目。每天晚上黄金时间打开电视机观众会看到哪些节目呢？基本上是六大类：婚恋交友类、才艺竞秀类、情感故事类、游戏竞技类、综艺娱乐类、访谈脱口秀。

据中国广电总局收听收看中心统计分析，2011 年下半年，中国 34 个电视上星综合频道在晚上黄金时间段（19：30—22：00）内播出的娱乐性较强的节目每周总计有 126 档。平均每个电视上星综合频道每周播出这些类型的节目 3.7 档，平均每天晚上黄金时间全国电视上星综合频道共有 18 档这些类节目同时播出（接近一半）。同种类型节目尤其是娱乐性较强的节目过多，影响了广大观众的收视选择空间。

由于娱乐节目实在太多，从 2012 年 1 月 1 日起，广电总局推出了"限娱令"，也就是《关于进一步加强电视上星综合频道节目管理的意见》。《意见》要求，对节目形态雷同、过多过滥的婚恋交友类、才艺竞秀类、情感故事类、游戏竞技类、综艺娱乐类、访谈脱口秀、真人秀等类型节目实行播出总量控制：每晚 19：30—22：00，全国电视上星综合频道播出上述类型节目总数控制在 9 档以内，每个电视上星综合频道每周播出上述类型节目总数不超过 2 档。每个电视上星综合频道每天 19：30—22：00 播出的上述类型节目时长不超过 90 分钟。

二、推动电视过度娱乐化的主要因素

为什么电视会出现这么多档娱乐节目，是什么因素导致了这类现象的发生？推动中国电视过度娱乐化的因素无外乎是这样几个：经济因素、社会因素及电视台和受众自身的一些因素。

前几年中国 GDP 总值已经超过日本，现在排名全球第二。在经济高速增长的同时，各行各业都在快速发展，许多产品尤其是日用品品牌需要借助电视被更多家庭接受，受众面广泛的娱乐节目成为广告品牌偏好的载体。在经济高速增长、快节奏生活的当下，人们对娱乐节目的需求也前所未有的。

为使大家更好地理解，接下来我们举几个实例。首先看《非诚勿扰》。《非诚勿扰》是中国江苏电视台的一档栏目，每周播一次。这是一个栏目，不是一个电视台，它一年挣了多少钱呢？17 亿元人民币，创造了中国地方电视台的神话。

就在一个礼拜以前，中国产生了第二个神话，《中国好声音》第二季巅峰之夜。《中国好声音》第二季冠军决出前 15 秒广告价格为 380 万元。《中国好声音》是 2012 年开始播的，当时，15 秒标版广告的价格是 30 万元，一年后的现在是 380 万元的价格，在中国还没有广告超过这样的价格。

通过对中国市场的调查，我们可以看到，电视作为一种广告渠道，已占据了 82% 的广告额！这是在对中国 4000 家电视台进行综合评比、综合数据分析之后得出的数据。报纸、杂志、电台、网络，所有其他的渠道仅仅瓜分不到 18% 的广告额，可见电视的巨大能量。

当人们忙完了一天的工作坐在客厅里，打开电视听到那些非常优美的声音时候，看看一个单身汉和 24 位女嘉宾的故事，心情是足够轻松的。才艺竞秀、情感故事、游戏竞技、综艺娱乐……通过给大众提供这份愉悦感，每年收获 17 个亿的产值，电视不由自主地被卷入这个娱乐的大潮当中去。

在座的有些同学是从中国来的，中国最知名的电视栏目《焦点访谈》你们还记得吗？2000 年左右《焦点访谈》收视率稳定在 30% 左右，观众约 3 亿，这是一个十分惊人的数据。而最新数据显示，2012 年《焦点访谈》的年平均收视率仅为 2.02%！还有一个节目《实话实说》，也非常可惜。《实话实说》从 1996 年开播，到 2009 年结束。鼎盛时期的《实话实说》节目收视率达到 4%，在当时是非常好的。此后从新闻频道转到中央台一套综合频道后，收视率日渐降低，2009 年中央电视台改版，这个节目因为收视率太低被拿掉了。

中央电视台 20 多个频道，基本都上星，中国国内还有 30 多个省级卫星频道。中国地级城市大概 600 多个，每个城市都有一个电视台，每个城市台都有 4 到 8 个频道。中国有将近 2000 多个县（市），每个县有一个电视台。从中央台、省台，然后再到市级台，在这样的电视版图上，娱乐基本上占据了一半的黄金时间。

三、电视节目中的新探索

面对一份不容乐观的现状，中国的电视人在干什么呢？事实上，中国的电视人始终没有放弃探索和追求。

我们看第三个榜单——"2012 年中国电视掌声和嘘声"（由北京大学电视研究中心发布）。2012 年 12 月 20 日，来自央视、省级卫视、地方频道和民营制作机构的节目主创团队与专家学者进行了面对面的交流与探讨。参与者包括清华大学、北京大学、中国社会科学院专家学者尹鸿、俞虹、时统宇等，和自中国青年报、中央电视台的著名评论员白岩松、敬一丹等。他们基于节目效果与节目质量评出这个榜单，这是中国学界对中国电视的另一种思考。这个榜单与收视率无关，跟广告额也无关。

榜单里一共有 7 个节目，6 个掌声 1 个嘘声。

榜单 3　2012 中国年度电视掌声和嘘声

掌声一：《新闻联播》播出"我姓曾""航母 style"这一细节。

掌声二：《新闻 1＋1》十八大开幕式直播语态创新。

掌声三：中央纪委廉政公益广告"底线篇"等电视公益行动。

掌声四：《中国好声音》版权运作机制。

掌声五：《舌尖上的中国》实现纪录片贴近大众走向世界的跨越。

掌声六：杭州台《我们圆桌会》、武汉台直播《电视问政》等媒体问政行为。一个年度嘘声："虐童"事件中马赛克缺失所反映的媒介伦理问题。

学者们给出的"致掌词"是：创新执政，务实传播，公民参与，只要有心大有可为，《电视问政》与《我们圆桌会》，搭建政府、媒体与公民平等沟通的平台，省会城市台成为理性传播的领跑者，接地气、有胆识、有诚意，媒体一小步，民主一大步。在现实治理中，一个面对面交流的平台何其重要！许多社会问题的解决，恰恰需要各个群体间的协商交流。电视问政给这种交流提供了一个很好的平台。

四、城市治理中的"圆桌实践"

我举一个城市交通问题的例子。新加坡目前的车辆保有量是 96 万辆，比我所生活的城市——杭州要少。2013 年 3 月份杭州主城区（不包括萧山区、余杭区）车辆保有量刚刚突破 100 万辆，超过了新加坡全国的车辆。而早在两年前，2011 年 8 月，杭州机动车保有量就达到约 80 万辆。当时杭州主城区常住人口为 200 多万人，算下来平均每三个人就有一辆车。在这样的格局下，车能开得动吗？我住在城市的南边，到城区必须经过钱塘江大桥或者钱江四桥，平均时速只有十多公里，非常慢。

那么要想让车快起来，该怎么办呢？北京的办法是单双号限行，杭州可不可以这样做呢？

2011 年 8 月中旬，《我们圆桌会》邀请热心市民、党政官员、专家学者和媒体评论员，面对面讨论怎么样让车速快起来。讨论持续了三天，第一天大家讨论的话题是"该不该限制车辆使用？"当时交警部门有一个初步方案，叫"错峰限行"。多数人对此表示反对，认为这是政府在"限制百姓的权利"。可大家又想不出更好的办法，交流一度陷入僵局。第二天继续讨论，大家发现交通拥堵有"道路建设跟不上"的原因，也有"开车人实在太多"的矛盾。你也开，我也开，他也开，最后就谁也开不动了。最好的办法是大家相互让一让，各自少开一点。在演播室就有热心市民提出，不是政府"限制市民开车"，而是"市民之间相互礼让少开车"，"政府要及时跟进管好秩序"。这一提法得到大家的认同——尽管实施的手段差不多，但是实施的理念却大相径庭。第三天，栏目围绕这个话题再次讨论，如何做到公平公正？对相关措施的实施提出了不少建议。

参考圆桌会议讨论的结果，综合各方面意见，2011 年 9 月 23 日杭州市政府发布了通告，决定自 2011 年 10 月 8 日上午 7:00 起，实施机动车工作日（星期一至星期五）高峰时段区域"错峰限行"交通管理措施，通过实施限号的方法减缓交通拥堵。车牌号码一共 10 个，每周工作 5 天，每天限两个号码，限掉一部分车。此办法先试行 15 天，结果 15 天后发现效果挺好，于是一直持续了半年。到现在（2013 年 9 月）这一做法还在进行。

这个解决方案是大家一起协商交流出来的，与政府职能部门最初拿出的方案有重复，也有补充和修改。但是由于经过了较大范围的讨论，得到了市民的理解、认可，方案实施得非常顺利，效果令人满意。

电视台一张圆桌，大家都坐在一起，市民、党政官员、专家学者和媒体评论员都在讨论，每个人都有发言权，每个人都有话筒，想说就说，平等不平等？圆桌是人人平等。政府不能包打天下，很多城市治理的问题，需要政府和各界进行协作、沟通、交流——这个过程不是对立，是对话。面对市民的声音，决策者也可能被改变，要实事求是做出让步，这就是我们的理性。

第二个案例是解决酷暑时节环卫工人上班时间调整的难题。杭州夏季气温堪比火炉，35 度以上高温天很多。2013 年夏天出现了 40 多度的极端天气，这时路面温度最高时可以达到 70 多度。《我们圆桌会》做节目讨论，这么热的天气，要不要下午推迟上班时间？下午两点上班行不行，三点上班行不行，最后商议结果是环卫工人下午五点钟开始上班。

环卫工人早上 5 点开始上班，上午 10 点钟结束。从上午 10 点开始直到 17 点，7 个小时里，这座城市是没人保洁的，那么这样做真的可以吗？唯一可行的就是发动市民，少扔垃圾；发动商家，清理自家门口的垃圾；发动所有开空调的店，让环卫工人到里面去休息。

就这样通过协商、交流，大家一起把问题解决了。城市的官员表示需要媒体，媒体体现了自己的价值，老百姓也愿意信任媒体的力量。专家和学者在参与的过程中也让他的研究成果得到了应用。这就是我们媒体搭建一个平台之后，得到的各方好评。

前面我讲到，曾经家喻户晓的《焦点访谈》栏目日渐式微。今年 1 月 22 日在杭州市举办的一次座谈会上，《焦点访谈》主持人敬一丹对这一现象进行了反思。她说:"《焦点访谈》渐失锋芒之后,让我在这个栏目继续坚持下来的信念,就是希望有一天节目能重振雄风,回归 20 世纪 90 年代中后期的辉煌。但是后来我越来越感到,时代在发展,它不可能回到从前。像《焦点访谈》这样的以舆论监督为使命的栏目,它的未来会是什么样子? 从《我们圆桌会》栏目我得到启发,实际上我们可以找到一种更适合时代环境的监督方式。"

一个或者几个栏目的兴衰也许不足以反映媒介的演进。但是从排行榜、从那些备受关注的栏目的变化上,我们依然可以看出媒体人的坚守和纠结。作为社会公器,新闻媒体肩负着舆论监督、弘扬正气的重大使命,是促进社会公平正义的重要力量。但是,这种方式正在改变,媒体市场面临的环境也在改变。从文化工业的角度来说,《中国好声音》等娱乐节目是电视产品,它们仿佛是一条条激起快乐浪花的小溪;而各种电视问政类、社会协商类节目也是电视产品,它们则仿佛是一条条静静流淌的河流,这条河流尽管动静不大,但是它却汇聚了涓涓细流,涤荡着泥沙,推行着大船,我相信它们也会越来越壮阔。谢谢各位!

五、现场互动

(1)俞老师根据自己多年的经验,把这些纠结讲得非常清楚,谢谢你! 我可以先提第一个问题吗? 就你刚刚播放的圆桌节目,看得出来它是一个预录制的节目。这种预录制的节目是事后审,还是事先审? 有些发言是不是也必须内部做一些控制,如果太过于激烈或者有一些言论不当的地方,是不是也要做修正,最后才能过关?

答:谢谢! 我实话实说。节目每期播 30 分钟,实际上要录 60 到 70 分钟,有一半被删掉。删掉的内容有一些是口水话,语焉不详、零零碎碎的话,毕竟参与录制的都是未经训练的普通老百姓嘛。还有一些是跑题的内容。因为这么多人在一起,围绕一个话题讨论下去,跑题是很难避免的。这时候主持人就会说:"各位打住,还是要回到今天的话题。"内部控制也仅限于此,嘉宾们可以畅所欲言。节目播出之前要接受电视台内部审核,主要是关注节目质量、制作水准等方面。

(2)我有一个问题,老师。非常感谢您刚才的演讲,非常精彩,我受益不浅。您说希望在增强公民的理性方面有所努力,以后中国的 GDP 会持续增长,速度也够快,但最重要的还是公众要更加理性,这一点我非常认同。我的问题是,作为一个媒体人,您觉得最大的挑战是什么?谢谢!

答:其实,这个问题我也在想。今天中国的 GDP 在快速增长,前几年,甚至是两位数增长。在经济高速运转的时候,难免会出现很多社会问题。这艘大船在拐弯,巨大的船拐弯就会产生一种"集体的晕眩"。大家都会感受到这种情况,那么这种时候需要什么呢?船上的瞭望者。我们对记者的定位就是船上的瞭望者。这个瞭望者一定要前行,要能发出理性的声音,这个非常关键。如何做一个清醒的观察者、做一个理性的倡导者,这就是对媒体人的挑战。我说未来几十年,作为媒体人是很有作为空间的。因为未来几十年,国家需要稳定的经济发展,也需要更有效的社会管理。中国以务实的精神创造了世界经济的奇迹,但是过去我们过多地去关注那些实的东西——那些物质的东西,那些看得见的、眼前的东西。我们往往忽略人本身的体验,我们自己内心的感受,忽略了把这份感受以合适的方式与身边其他人沟通,进而构建一个更好的秩序。当媒体致力于引导公民关注这些的时候,我们的城市就会更好一些。中国是这样,新加坡也会是这样。

附2

部分专家学者对协商类电视问政的点评①

乔西·弗里德曼(美国哥伦比亚大学教授、普利策新闻奖得主):能让普通民众参与到决策制定中来、让决策者听到来自民众的声音,我觉得这是一种很好的尝试,是一种进步。我想,也许正是有了这样的一些机制,杭州才会这样美好。

杜维明(北京大学教授):"圆桌"的意思是大家在一起,把所有的客人、嘉宾、主人都当作是"我们"的一部分。通过这种方式,建构一个开放的、多元的,而且有自我反思能力的"我们"。我认为,哲学最高的水平就是一种有意义的商谈。

---

① 本部分内容综合了多个研讨会上的专家发言。主要有:《公共媒体与社会管理创新——〈我们圆桌会〉栏目研讨会暨年度工作会》(2013年1月22日);《民主监督创新之路暨〈政情民意中间站〉10周年高峰论坛》(2012年6月25日)。

张振华(时任中国广播电视协会常务副会长)：我们一定要讲究理性，追求科学，使所谈的话题、呈现的思想具有一种哲学的思维和品格。媒体应保持一种理性、不要膨胀，要有所为有所不为、要帮忙不要添乱、要解难不要发难、要加温不要点火。

林尚立(时任复旦大学副校长、教授)：在城市公共事务治理中，市民的参与是民主的体现，也是政府优化治理的重要资源。我觉得这种形式探索，符合世界潮流，既符合中国的发展，也符合现代化过程中的一个趋势，当然也符合我们每个市民的共同意愿。"我们"应该成为城市的主人。

朱光磊(南开大学副校长、教授)：协商类电视问政推动了政府决策体系的对外开放、各界意见的畅通表达和民生建设的生活化。这一做法不仅回归了城市本质，而且重建了城市精神。

潘一禾(浙江大学传媒与国际文化学院教授)：把不同人群的代表定期召集起来，就身边的社会问题进行磋商，这种方式有助于实现各界融合、社会和谐。因为在对话中人们可以学习公共交往、理性谈判和艰难协商的程序和技巧，进而养成相互让步、彼此节制、共同缔约和守约的日常习惯，由此培育互相依存、休戚与共的社会信任感。

吴飞(浙江大学传媒与国际文化学院教授)：节目里面有官员和普通老百姓之间的对话。尤其可贵的是，这是一种站在理性协商的基础之上的对话，它意味着双方都可能会有妥协。如果媒体培养了这样一种气质，那节目内容就不会有什么所谓的"敏感性"可言，什么东西都可以说。

参考文献

Agarwal R，Prasad J．A conceptual and operational definition of personal innovativeness in the domain of information technology［J］．Information Systems Research，1998(9)：204-215.

Al-Natour S，Benbasat 1，Cenfetelli R．Assistants：perceived similarity as an antecedent to evaluative beliefs［J］．Journal of the Association for Information Systems，The adoption of online shopping，2011 (12)：347-374.

CNNIC．2013—2014 年中国移动互联网络调查研究报告［EB/OL］．2014-08-26，http：//www. cnnic. cn/hlwfzyj/hlwxzbg/ydhlwbg/201408/t20 140826_47880. htm.

CNNIC．2014 年中国社交类应用用户行为研究报告［EB/OL］．2014-08-22，http：//www. cnnic. cn/hlwfzyj/hlwxzbg/sqbg/201408/t20140822_47860. htm.

CNNIC．第 35 次中国互联网络发展状况统计报告［EB/OL］．2015-02-03，http：//www. cnnic. cn/hlwfzyj/hlwxzbg/hlwtjbg/201502/t20150203_51634. htm.

Rubin A M．Ritualized and Instrumental Television Viewing［J］．Journal of Communication，1984(34)：67-77.

播音学研究会．播音主持艺术 ［M］．北京：北京广播学院出版社，1999.

蔡雯．从面向"受众"到面向"用户"——试论传媒业态变化对新闻编辑的影响［J］．国际新闻界，2011(5)：6-10.

曹可凡，王群．节目主持人语言艺术 ［M］．上海：上海人民出版社，1997.

陈耀辉. 发挥电视问政节目在创新社会管理中的功能性作用[J]. 视听纵横，2012(5).

陈耀辉. 发挥电视问政节目在创新社会管理中的功能性作用[J]. 视听纵横，2012(5):53-54.

董开栋，谢金文. 手机新闻媒体用户满意度模型构建及实证研究——基于对上海某高校学生的调查分析[J]. 新闻与传播研究，2014(3):79-87.

杜景立. 电视问政将向何处去？[J]. 吉林人大，2015(1):29-33.

冯婷. 核心价值观建设与社会心态调适[J]. 中共浙江省委党校学报，2012(5).

甘泉. 市民问政兴起的原因分析——以襄阳市市民电视问政为例[J]. 赤峰学院学报，2013(10).

顾亚奇. 从"我们圆桌会"看中国的电视问政[J]. 杭州，2013(1).

顾亦兵. 电视问政实践中的几点思考[J]. 中国广播电视学刊，2012(9):18-20.

郭龙华. 电视问政：创新政务公开新形式[J]. 新西部，2013(11).

何包钢. 协商民主理论方法和实践 [M]. 北京：中国社会科学出版社，2008.

何润萱等. 电视问政节目的问题与改进[J]. 青年记者，2013(3):28-29.

姜洁冰. 电视问政中的政治传播现象与反思[J]. 青年记者，2013(24).

廖丽娟. 电视问政践行群众路线的有效途径[J]. 领导科学坛，2013(8).

林尚立，赵宇峰. 中国协商民主的逻辑 [M]. 上海：上海人民出版社，2016.

林尚立. 社会协商与社会建设[J]. 中国高校社会科学，2013(7).

刘倜. 电视问政节目之浅谈[J]. 中国有线电视，2015(9):1091-1093.

龙小农. I-crow 时代"沉默的螺旋"倒置的成因及影响[J]. 新闻与传播研究，2014(2).

曼纽尔·卡斯特. 网络社会的崛起 [M]. 北京：社会科学文献出版社，2006.

聂书江. 论电视问政的内在逻辑及其发展路径[J]. 中国传媒大学学报，2015(1).

潘忠党,於红梅. 互联网使用对传统媒体的冲击：从使用与评价切入[J]. 新闻大学,2010(2):4-13.

彭涛,陈月昇. 电视问政节目发展状况分析[J]. 传媒,2016(13):39-41.

蒲博远,李羿. 电视问政的实践与思考[J]. 视听,2014(3):20-21.

钱摇颖,张摇楠. 微博舆情传播规律研究[J]. 情报学报,2012(12).

邱会生. 浅析协商民主在中国的发展[J]. 天津市社会主义学院学报,2011(2):29-32.

唐琳. 电视问政类节目如何释放"正能量"[J]. 视听界,2012(5).

汪明香. 从电视问政看电视媒体的舆论监督模式与功能[J]. 现代视听,2013(11):36-39.

王彪,赵嘉颖. "双因素"理论与报业手中满意度研究[J]. 青年记者,2007(5):57-58.

王国华,曾润喜,等. 解码网络舆情 [M]. 武汉：华中科技大学出版社,2011.

王慧敏,米小娟. 电视问政打造舆论监督的新常态[J]. 管理观察,2016(12),15-18.

王梅. 以真为魂,以人为本——电视问政节目主持支点探析[J]. 现代传播,1998(4).

王敏,覃军. 网络社会政府危机信息传播管理的困境与对策[J]. 当代世界与社会主义,2012(1).

吴郁. 主持人的语言艺术 [M]. 北京：北京广播学院出版社,2001.

肖兵. 论新闻舆论工具在社会协商对话中的重要作用[J]. 求索,1988(4).

谢金林. 网络舆论社会管理新课题——培育良好的网络社会心态[J]. 中国青年研究,2012(3).

杨弘,张等文. 中国社会协商对话制度的现实形态与发展路径[J]. 理论探讨,2011(6)：34-37.

杨礼平. 电视问政节目的困境与出路[J]. 新闻世界,2016(3):24-26.

游崇宜. 西方协商民主的兴起与中国特色协商民主的比较——兼谈中国特色协商民主的优化之路[J]. 福建省社会主义学院学报,2010(5)：

10-14.

喻国明，吴文汐，徐子豪，等. 中国人的媒介接触：时间维度与空间界面
　　[M]. 北京：人民日报出版社，2014 年.

张萍. 比较视角下我国电视问政的发展[J]. 现代视听，2012(8).

张涛甫. 新媒体语境下大众政治勃兴与协商民主建设[J]. 南京社会科学，
　　2014(7).

张玉亮. 突发事件网络舆情的生成原因与导控策略[J]. 情报杂志，2012
　　(4).

章友维. 电视问政如何走得更稳、更远[J]. 视听纵横，2014(4)：58-60.

赵振宇. 参加《电视问政》后的思考[J]. 民主与科学，2012(4)：35-38.

赵志宇. 当代中国社会协商对话：要素、特征与功能[J]. 中央社会主义学
　　院学报，2013(1).

中共中央关于全面深化改革若干问题的决定辅导读本 [M]. 北京：人民出
　　版社，2013.

周葆华. 社会化媒体时代的舆论研究：概念、议题与创新[J]. 新华文摘，
　　2014(6).

邹建华. 突发事件舆论引导策略 [M]. 北京：中共中央党校出版社，2009.

后　记

　　"和实生物,同则不继。"早在 2000 多年前,西周末年思想家史伯就提出"和而不同"的治理之道。尽管年代久远,但是中国传统文化经典中的这些"金句"仍然闪耀着思想的光芒。党的十九大报告提出,要"发挥社会主义协商民主的重要作用"。在全面深化改革的时代背景下,探索协商民主的实现形式,推动协商民主广泛、多层、制度化发展,显得尤为重要。

　　在社会治理领域,最近十多年来"协商类电视问政"渐渐成为一个引人关注的社会现象。这些社会治理实践依托电视和网络同步展开,在促进多方沟通、形成社会共识方面发挥了重要作用。由于工作上的各种机缘,我得以有机会近距离观察、研究这些具有创新意义的社会治理实践,对"协商类电视问政"有了一分了解。

　　2013 年 8 月至 2014 年 2 月,受国家外专局资助,我赴新加坡南洋理工大学做访问学者。利用这段完整的研究时间,我搜集整理了较为全面的资料,完成了本书的基本架构设计和部分章节的撰写工作。2016 年下半年开始,我对主要章节进行了充实完善,试图从协商民主的视角探究电视问政的治理意义、传播价值和内在机理。其间我陆续承担了国家社科基金项目、浙江省及杭州市哲学社会科学规划课题研究,结合城市治理实践,从多个角度对协商类电视问政活动进行了探析。

　　全书写作历时 4 年多时间,经过多次修改。其间曾遇到过许多困难,幸运的是在诸多师友的帮助下一一得以克服。

　　感谢新加坡南洋理工大学的多位教授:黄金辉信息与传播学院郝晓鸣教授,国际传播学会前任主席、新加坡互联网研究中心主任 ANG Peng Hwa 教授,公共政策与全球事务中心主任何包钢教授。访学期间,3 位教授在理论前瞻和研究思路上给予我很多指导。

感谢浙江省社科联原副主席蓝蔚青研究员、浙江传媒学院方建移教授、苏州大学张梦晗博士，他们从不同角度给本书提出修改意见。蓝蔚青研究员还为本书作序，给予点评和热情的鼓励。

感谢内蒙古电视台《百姓热线》栏目组、南京广播电视《民声》栏目组、杭州市广播电视台《我们圆桌会》栏目组、温州广播电视台《政情民意中间站》栏目组。内蒙古电视台雷蒙、南京广播电视台魏征、杭州市广播电视台张平、温州广播电视台翁逻沿等同仁提供了珍贵的第一手研究资料。

浙江大学出版社编审樊晓燕博士对本书写作提出了很多很好的建议。樊女士即将退休但是依然恪尽职守、兢兢业业，令人敬佩。张雪松、赵天叶、冯继强、郎茂峰、黄清友、林朝朝等友人对本书提出了宝贵意见。周欣然、陈文非、姚敏、周奕佳等同学协助进行了本书的资料收集和文字校对工作。

本书收录的部分文章曾先后在《学习时报》《中国广播电视学刊》《中国记者》等报刊发表，借此机会向林娜、李宝萍、张垒等编辑表示感谢！

感谢上海交通大学媒体与设计学院谢金文教授以及同门董开栋、卢垚、王健美、石向红等给我的很多鞭策、鼓励和提醒。

感谢上海交通大学张国良教授、童清艳教授、阎峰副教授、王昊副教授等在研究方法上给予指导。

感谢我的妻儿父母兄妹，他们都健健康康、一丝不苟地忙着自己的生活、工作或者学业，尽可能地不让我分心。长期以来，除了忙好本职工作，8小时之外几乎都是我的写作时间，家人给予了最大的理解。这些点滴思考累积在一起，最终汇聚成这本20多万字的专著。

读书、求学几十年，看过的书不下数千本，自以为心得不少，然而从头到尾撰写一本书时，才发现远没有那么简单。知易行难，人们常常高估自己，却在面对现实问题时陷入无措。这种体验和认识也是此番研究的一个收获。

俞春江
2017 年初秋于杭州